만화로 보는 특선명작

파브르 곤충기 ①

만화로 보는 특선명작

파브르 곤충기 ①

| 김이철 글·그림 |

(주)은하수미디어

작가의 말

여름 방학 때면 방학 숙제로 곤충 채집이 빠지지 않습니다.

어렸을 때 채집통을 어깨에 메고 잠자리채를 휘두르며 들과 산으로 신나게 뛰어다닌 기억이 납니다.

곤충은 현재 지구상에 살고 있는 동물 120만 종 가운데 3분의 2인 80만 종이나 됩니다. 곤충이 이렇게 번성할 수 있었던 것은 환경에 대한 뛰어난 적응 능력, 왕성한 번식 능력 때문입니다.

곤충의 몸은 머리, 가슴, 배의 세 부분으로 나누어져 있으며, 머리에 한쌍의 더듬이와 겹눈, 가슴에 두 쌍의 날개와 세 쌍의 다리가 있고 기관으로 호흡합니다.

파브르는 1878년 곤충기 제1권을 출간한 이후 30여 년에 걸쳐 모두 10권을 출간했습니다. 이후 1915년 세상을 떠날 때까지 계속 곤충기를 썼지만 제11권을 완성하지 못했습니다.

만화 《파브르 곤충기》는 파브르가 연구한 곤충의 세계와 그에 따른 에피소드를 흥미 있게 그려, 어린이들이 신비한 곤충의 세계를 이해하면서 자연과 생명의 소중함을 깨닫게 합니다.

아무쪼록 만화 《파브르 곤충기》를 통해 어린이들이 우리 주변의 곤충에 대해서 파브르와 같은 호기심과 관심을 갖게 되길 바라며, 더 나아가 파브르가 완성하지 못한 제11권을 완성해 주는 어린이가 나와 주었으면 하는 바람입니다.

# 차례

파브르의 곤충 사랑 … 8

마취 솜씨가 뛰어난 혹노래기벌 … 12

뛰어난 조각가 쇠똥구리 … 36

숲 속의 가수 매미 … 62

봄소식을 전하는 배추흰나비 … 94

사랑의 향기를 내뿜는 나방 … 112

곤충의 왕 사마귀 … 132

나한테 걸리면 살아남지 못하지!

파브르 곤충기가 재밌다지?

- 시체 처리 전문가 송장벌레　　166
- 먹이를 녹여 먹는 파리 애벌레　　188
- 초인적인 생명력의 소유자 전갈　　208
- 꿀을 좋아하는 풍뎅이 꽃무지　　234
- 타고난 사냥꾼 거미　　266
- 세기의 대결, 대모벌 대 독거미　　290
- 정원의 난폭자 딱정벌레　　310

파브르의 곤충 사랑

파브르는 더욱 열심히 공부해 중학교 선생님이 되었습니다.
물론 곤충에 대한 연구도 열심히 했습니다.

홍다리조롱박벌

소형 굴착기 홍다리조롱박벌

홍다리조롱박벌은 나나니벌, 노래기벌과 함께 구멍벌과에 속합니다. 홍다리조롱박벌은 땅에 구멍을 파고, 그 속에 방을 만듭니다. 그런 뒤, 실베짱이와 쌕쌔기의 애벌레나 어른벌레를 잡아 와 방에 넣습니다. 그리고 그곳에 알을 낳습니다. 얼마 뒤, 알에서 깨어난 애벌레는 실베짱이나 쌕쌔기를 먹고 자랍니다.

마취 솜씨가 뛰어난 혹노래기벌

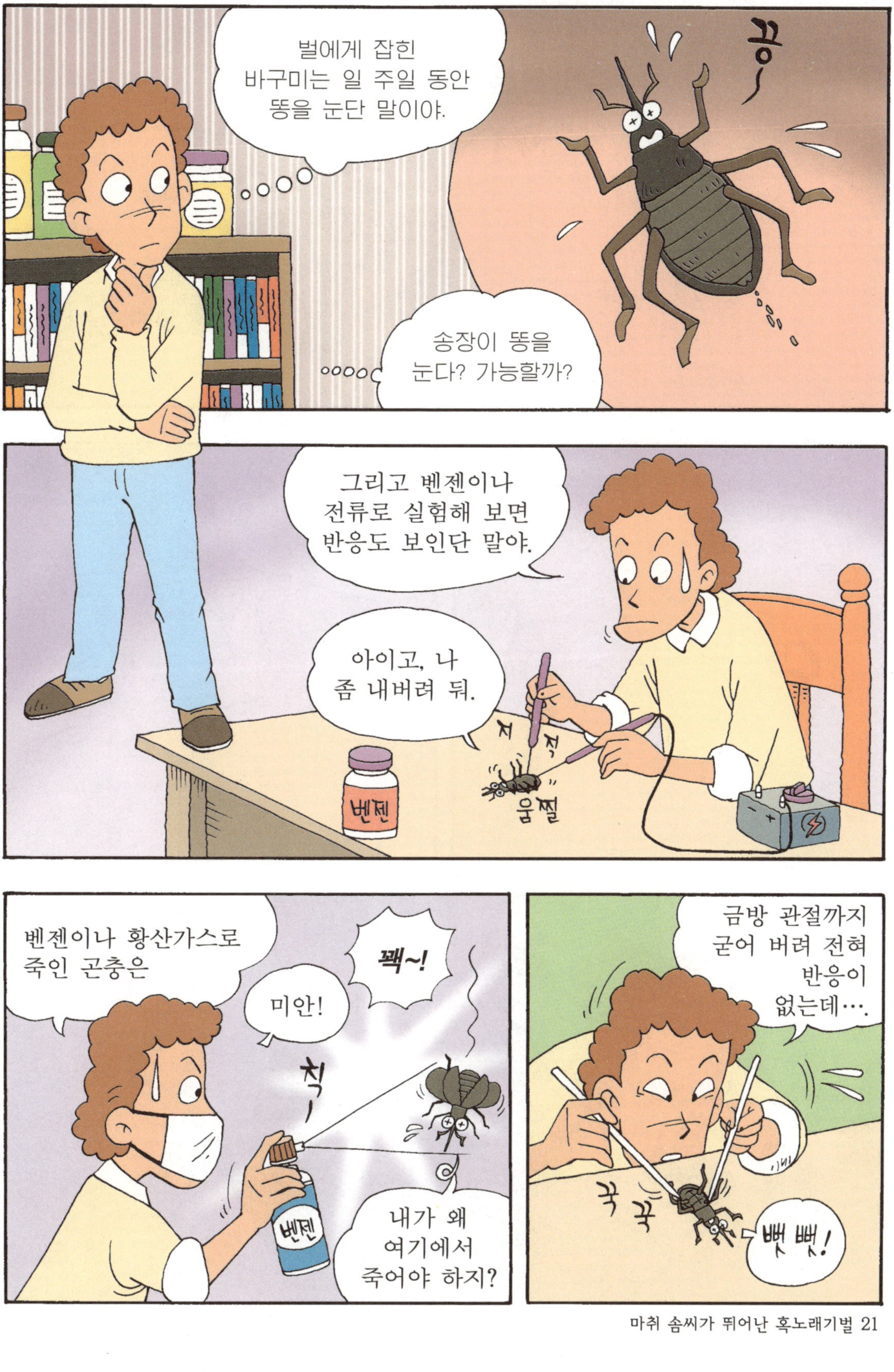

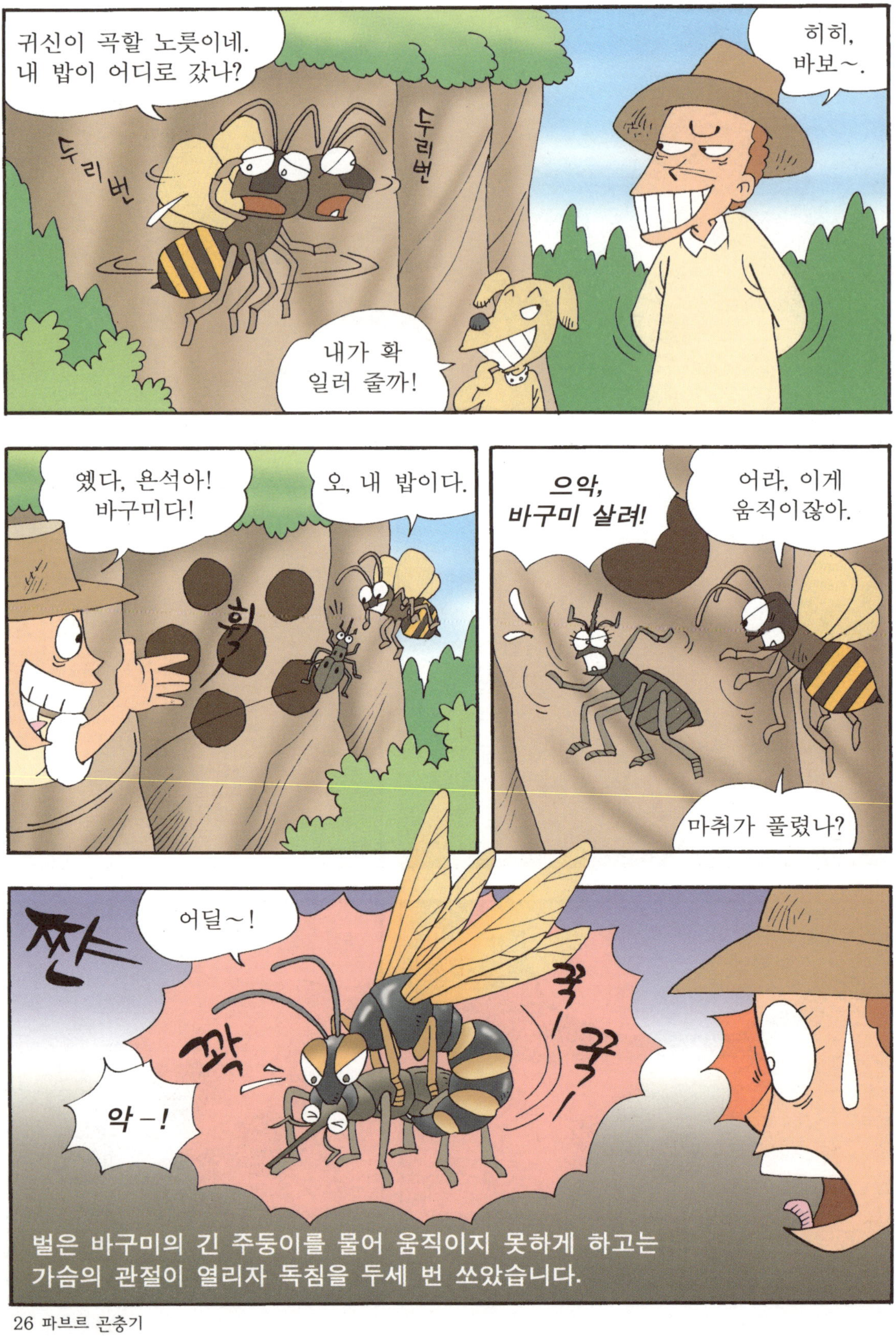

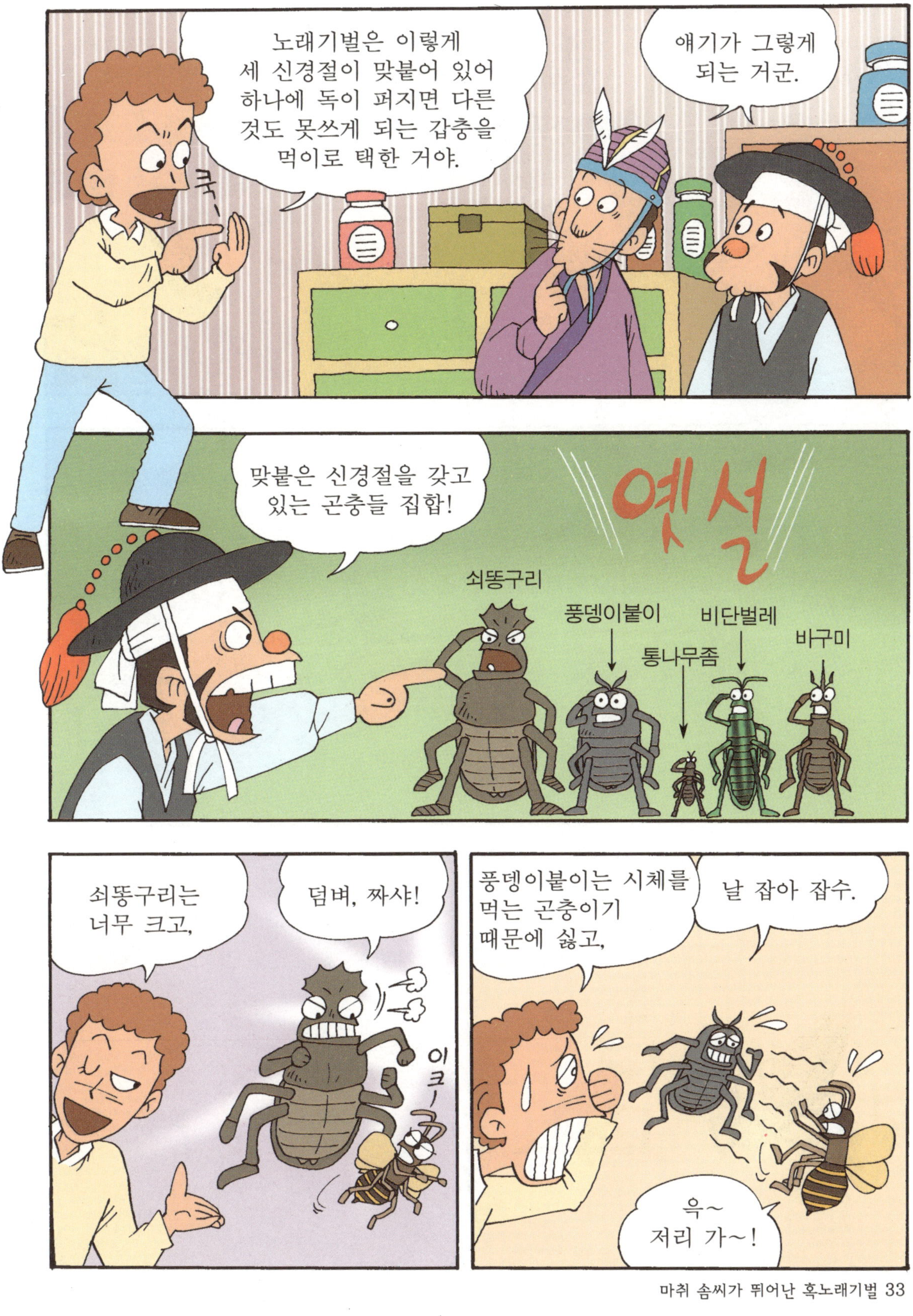

● 뿔쇠똥구리

뛰어난 조각가 쇠똥구리

몸길이는 18~28mm이고, 몸의 형태는 비대한 편이다. 몸은 전체적으로 검은색이다. 수컷은 이마에 한 개의 상아 모양의 뿔이 길게 나 있으나 암컷은 이마에 뿔이 없다. 성충은 6~10월까지 출현하여 주로 한여름에 활동을 한다.
이들은 소나 말의 배설물을 먹거나 둥근 경단을 만드는데 암컷은 그 안에 알을 낳기도 한다.
유충은 우화하면 그 안에서 경단을 먹으면서 자라는데 이때, 암컷은 강한 모성애를 보인다.
한국, 일본, 중국, 몽고, 사할린 등지에 분포한다.

난 최고의 실력을 갖춘 조각가~!

뛰어난 조각가 쇠똥구리

때로는 구슬을 빼앗기면 미련 없이 새로 만들러 갑니다.
더 지독한 도둑은 처음부터 다짜고짜로 공격하는 놈도 있습니다.

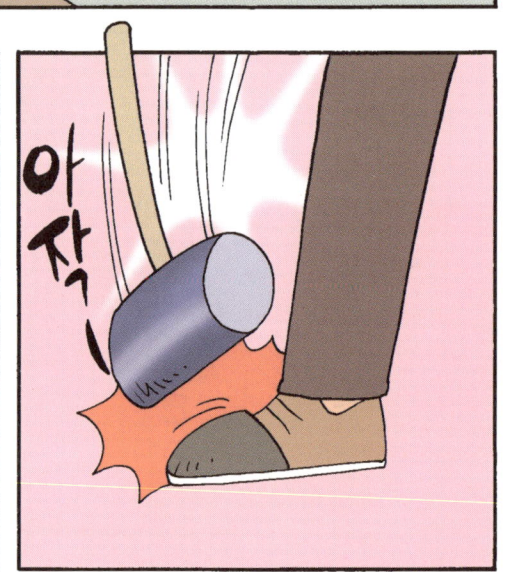

유지매미

숲 속의 가수 **매미**

몸길이는 34~36mm이고 날개를 포함한 길이는 50~60mm이다. 몸은 전체적으로 검은색이며 날개는 불투명하고 어두운 갈색이다. 성충은 7~10월 사이에 출현한다. 산야의 어느 나무에서든 흔하게 서식하며 배, 사과와 같은 과일의 즙을 빨아먹는다. 그리고 유충은 땅 속에서 여러 가지 활엽수의 나무뿌리에 피해를 준다. 한국, 일본, 중국, 동남 아시아 등지에 분포한다.

숲 속의 가수 매미

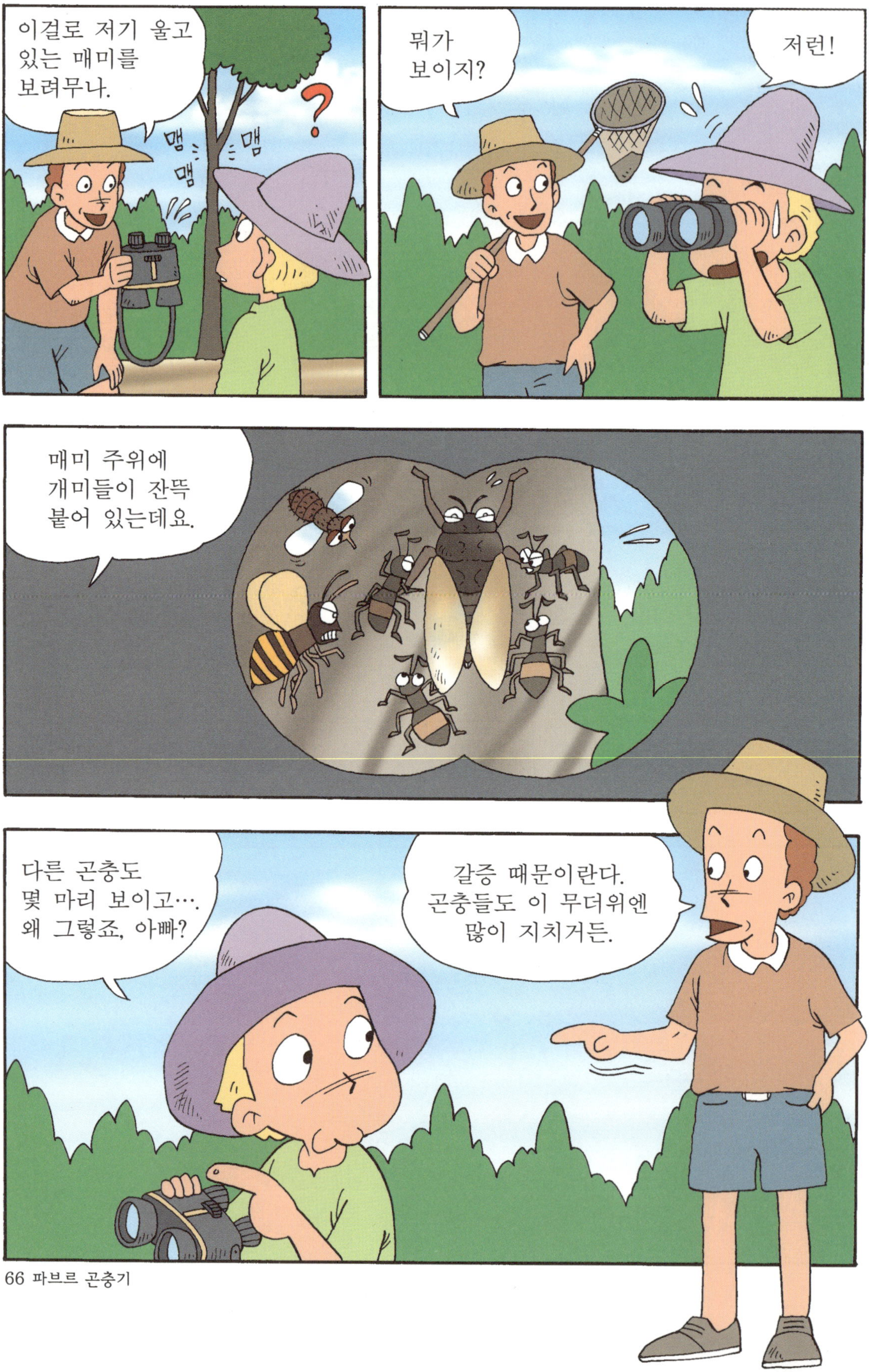

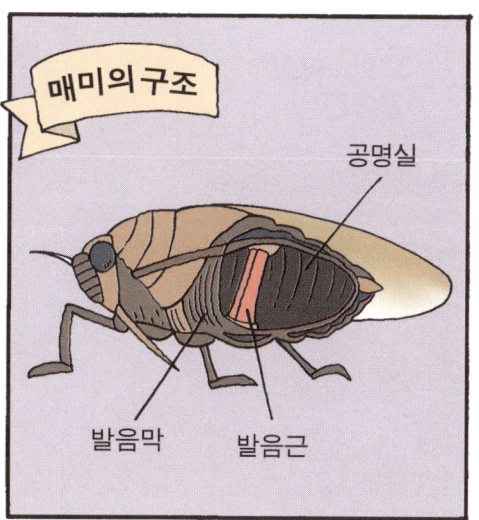

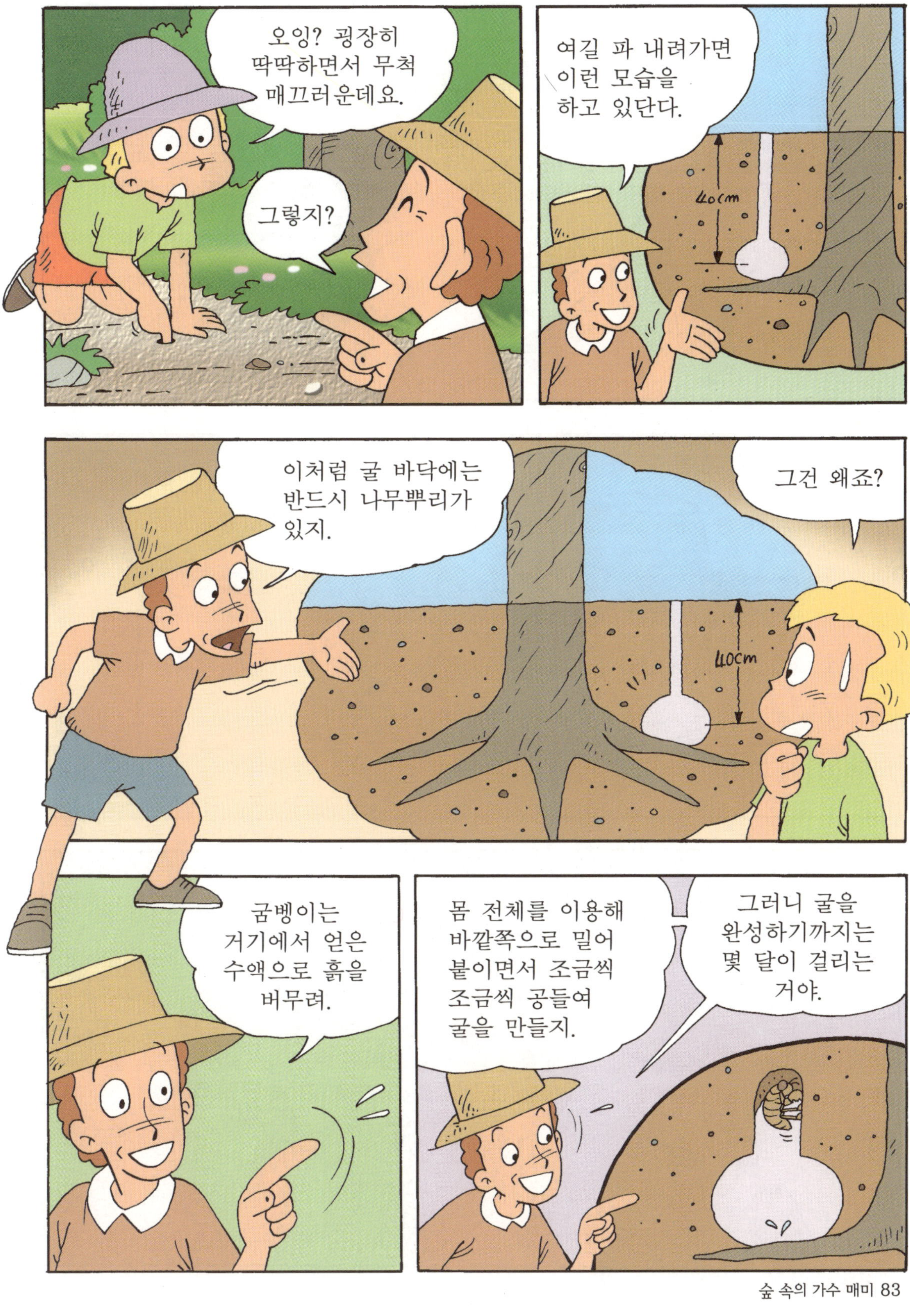

파브르 곤충기

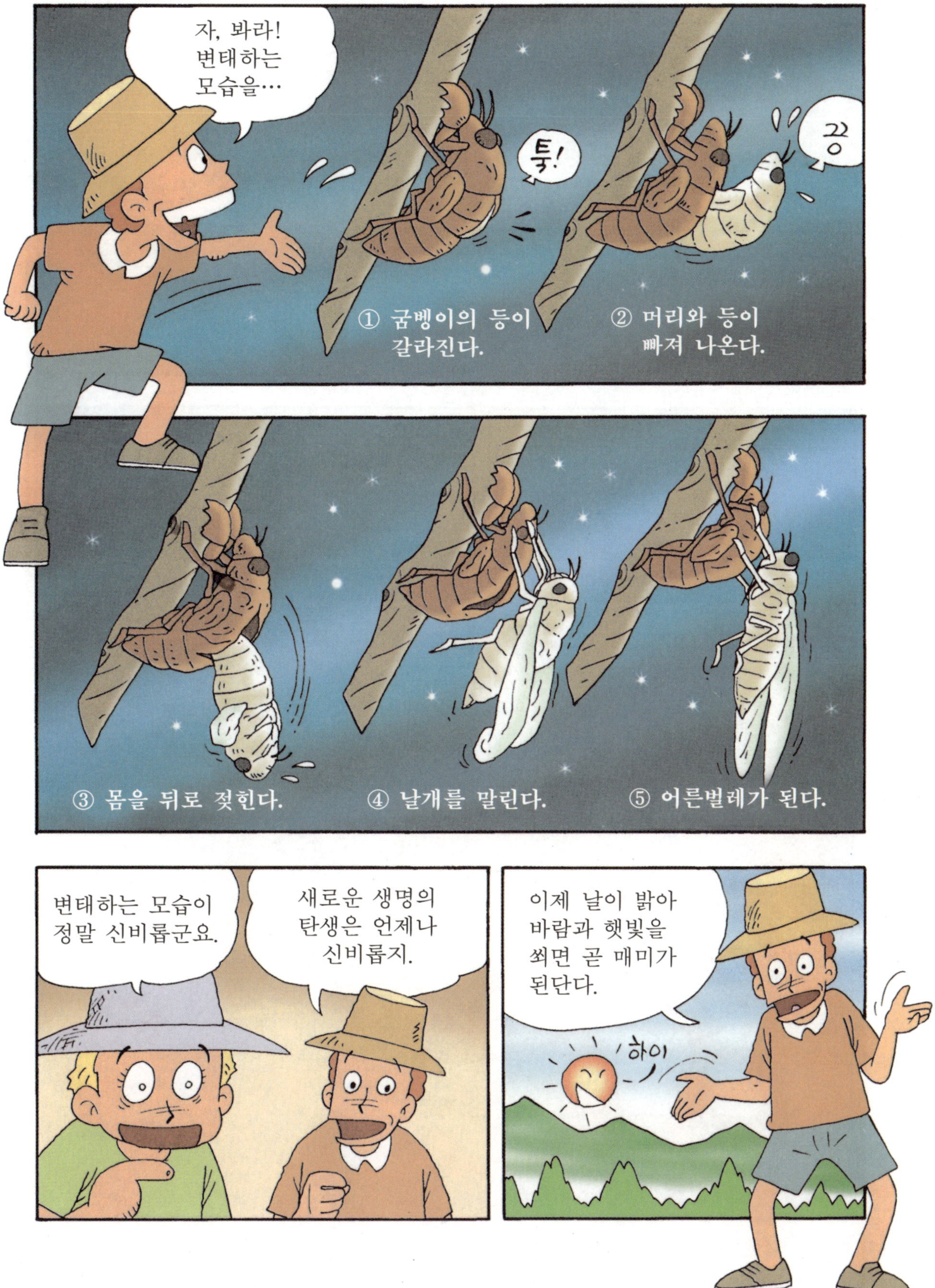

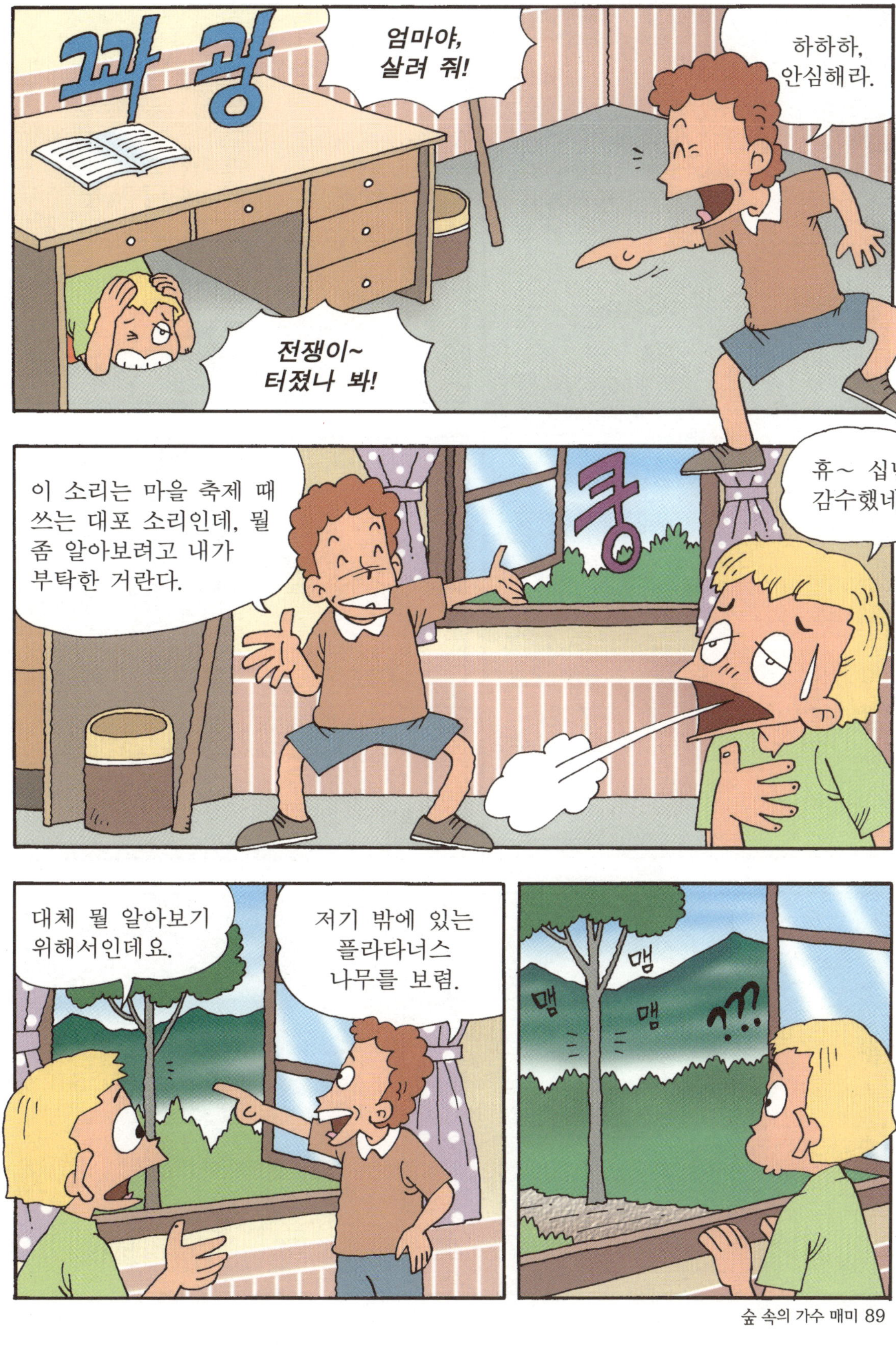

배추흰나비

봄의 전령 배추흰나비

봄의 전령 배추흰 나비다~!

우리가 매우 잘 알고 있는 나비로서 배추, 무, 양배추 등 십자화과 식물을 가해하는 해충이다. 몸길이는 30mm 정도이고, 발생 시기 및 암컷과 수컷에 따라 모양이 다르나 대개 백색이며 앞날개에 2개, 뒷날개에 1개의 검은 무늬가 있다. 수컷은 암컷보다 몸이 가늘고 더 희다. 한국, 일본, 중국, 유럽, 북아메리카, 뉴질랜드 등지에 분포한다.

봄소식을 전하는 배추흰나비

봄의 들판에 봄꽃이 만발하면 이에 뒤질세라 예쁜 나비들이 꽃 사이로 날아다니며 봄소식을 전합니다.

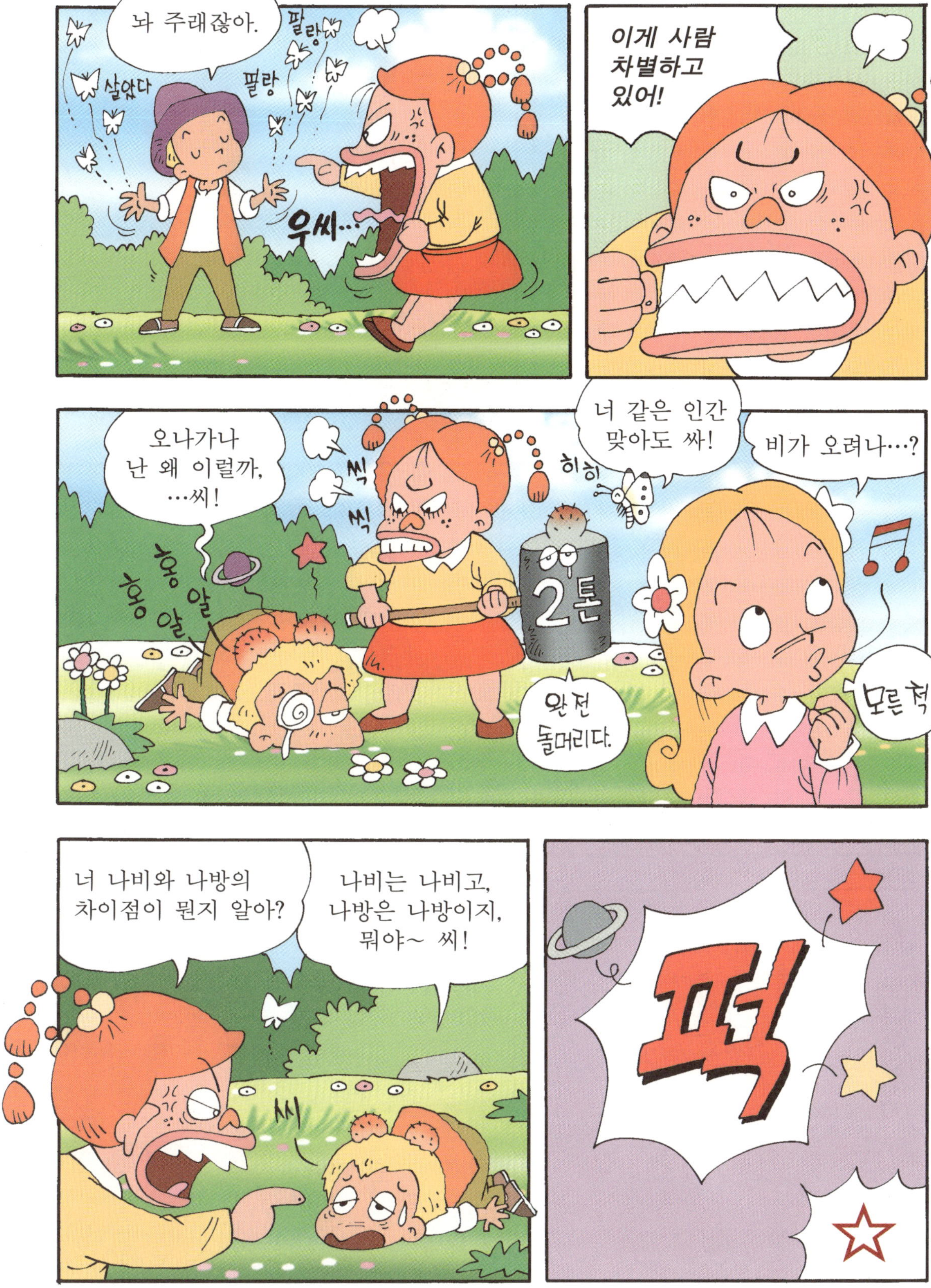

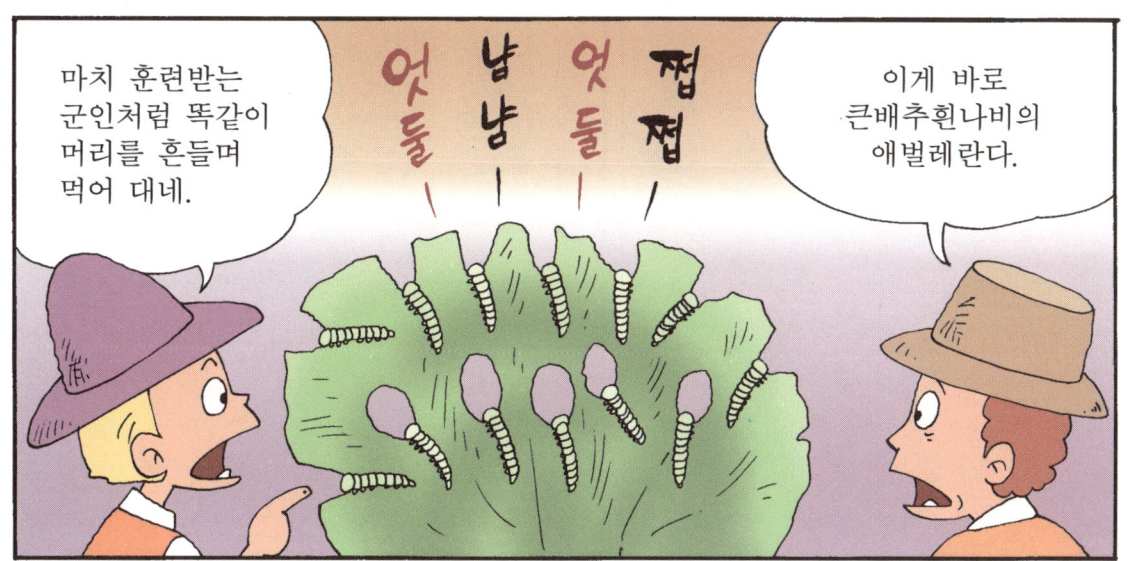

애기나방

낮에 활동하는 애기나방

몸길이는 15mm 정도이며 몸은 검은색이다. 가슴, 배에 두 개의 노란색 띠무늬가 있고, 앞날개에 다섯 개의 투명한 무늬가 있다. 주로 낮에 활동하며 애벌레는 배나무, 사과나무 따위의 잎을 갉아 먹는다. 한국, 일본 등지에 분포한다.

사랑의 향기를 내뿜는 나방

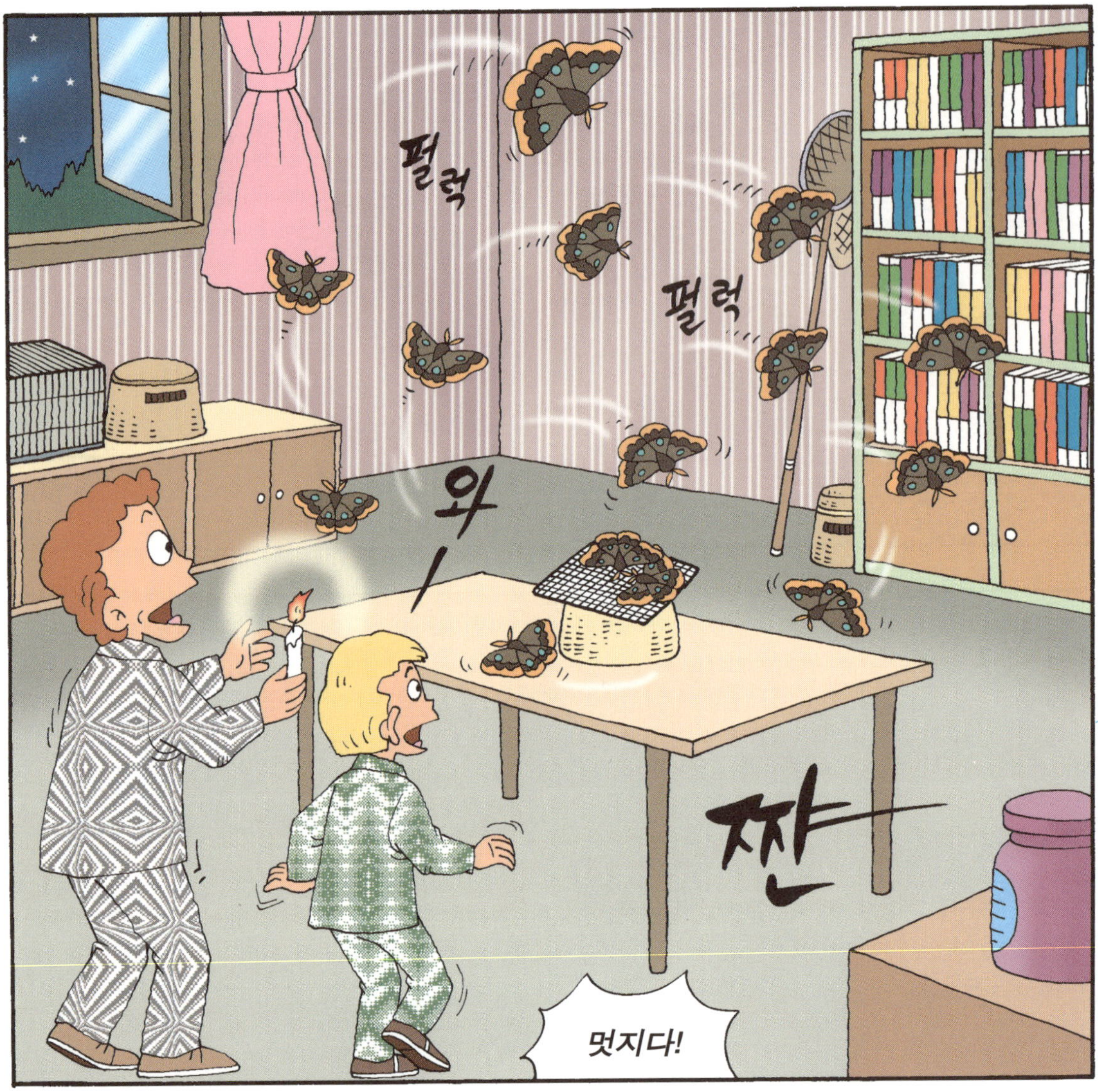

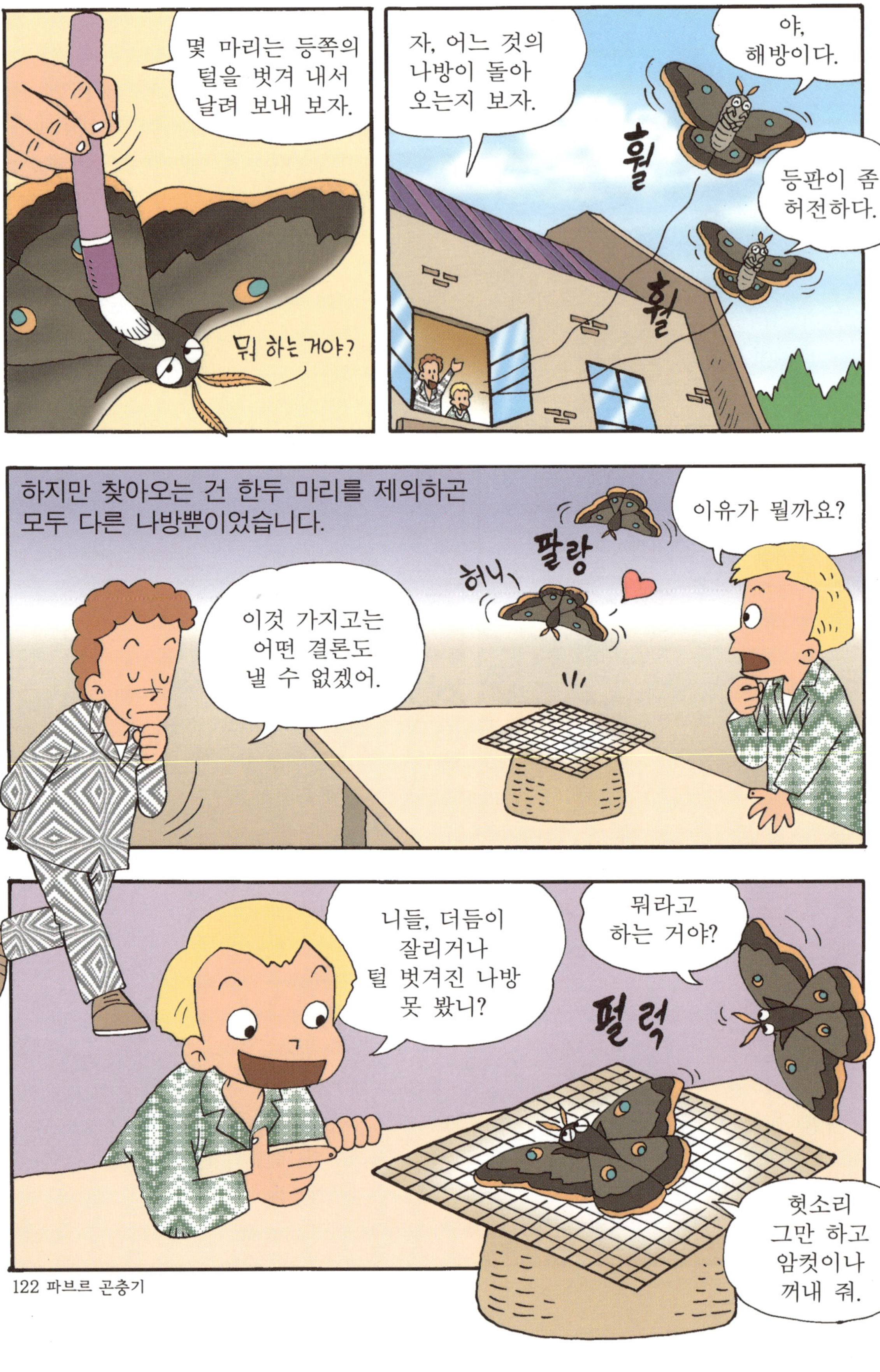

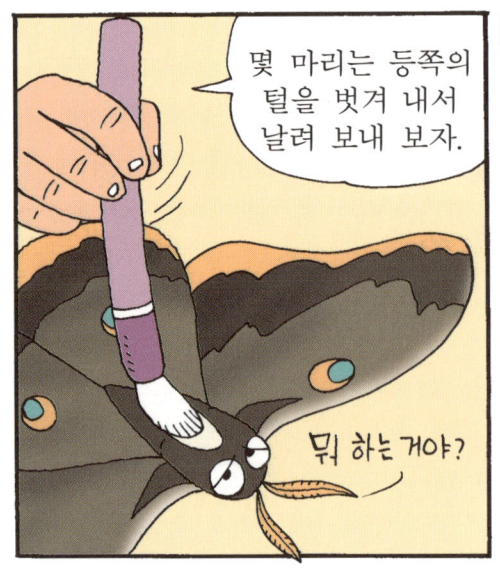

오늘날 곤충의 더듬이는 냄새, 촉감, 소리, 온도, 습도 등 미세한 것까지 정확히 감지하는 것으로 밝혀졌습니다.

왕사마귀

곤충의 왕 사마귀

성충은 7~10월에 출현하고, 산과 계곡 주변의 초원 지대에 많이 존재한다. 메뚜기류, 나비류, 벌류, 노린재류 등 다른 곤충을 잡아먹고 사는 포식성이다. 암컷은 수컷에 비해 크고 나뭇가지에 커다란 알집을 만든다. 몸길이는 70~95mm 정도로 큰 편에 속하고, 몸은 전체적으로 녹색이나 황갈색을 띤다. 한국, 일본, 중국, 동남 아시아 등지에 분포한다.

난 천하무적! 곤충의 왕이다!

곤충의 왕 사마귀 135

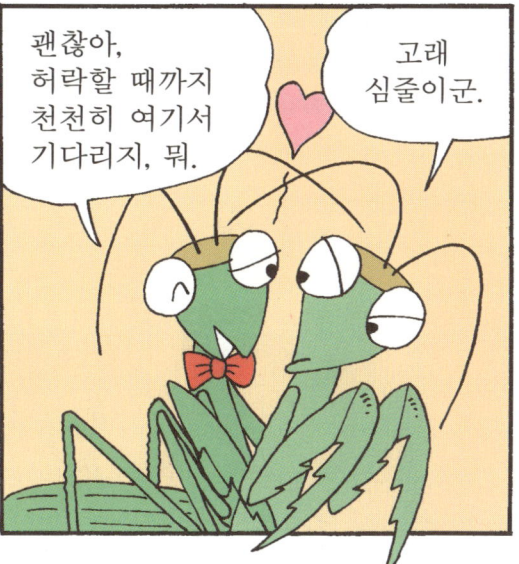

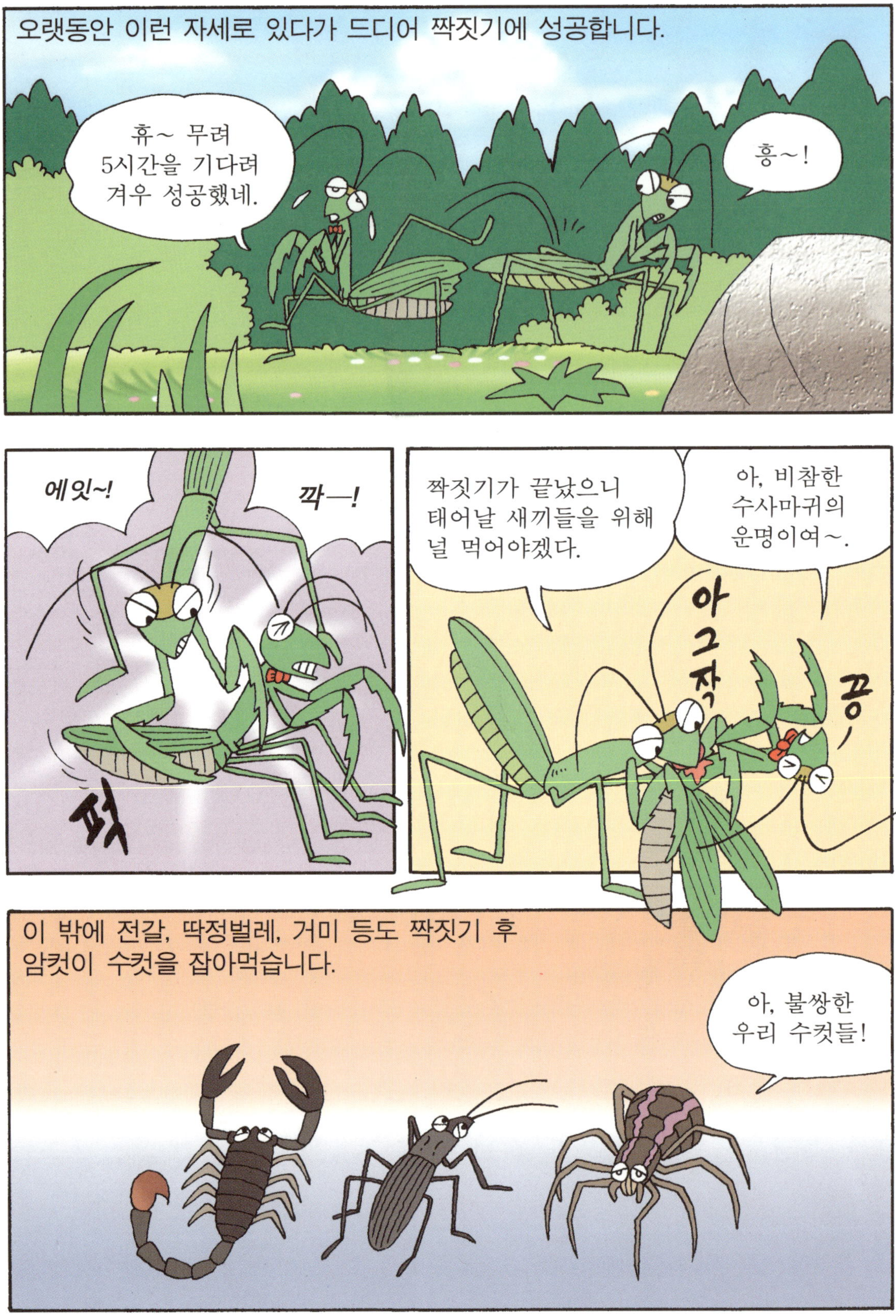

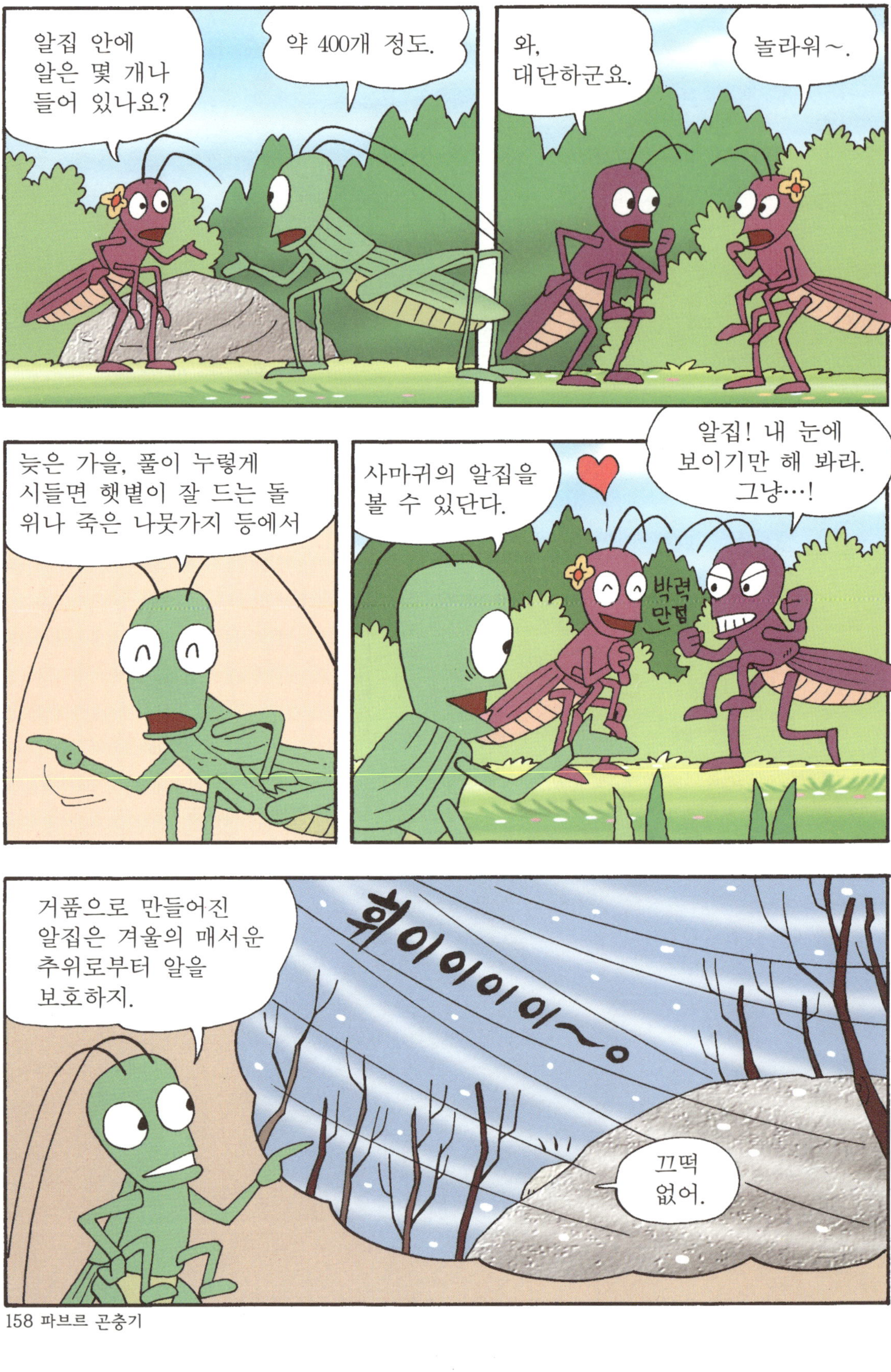

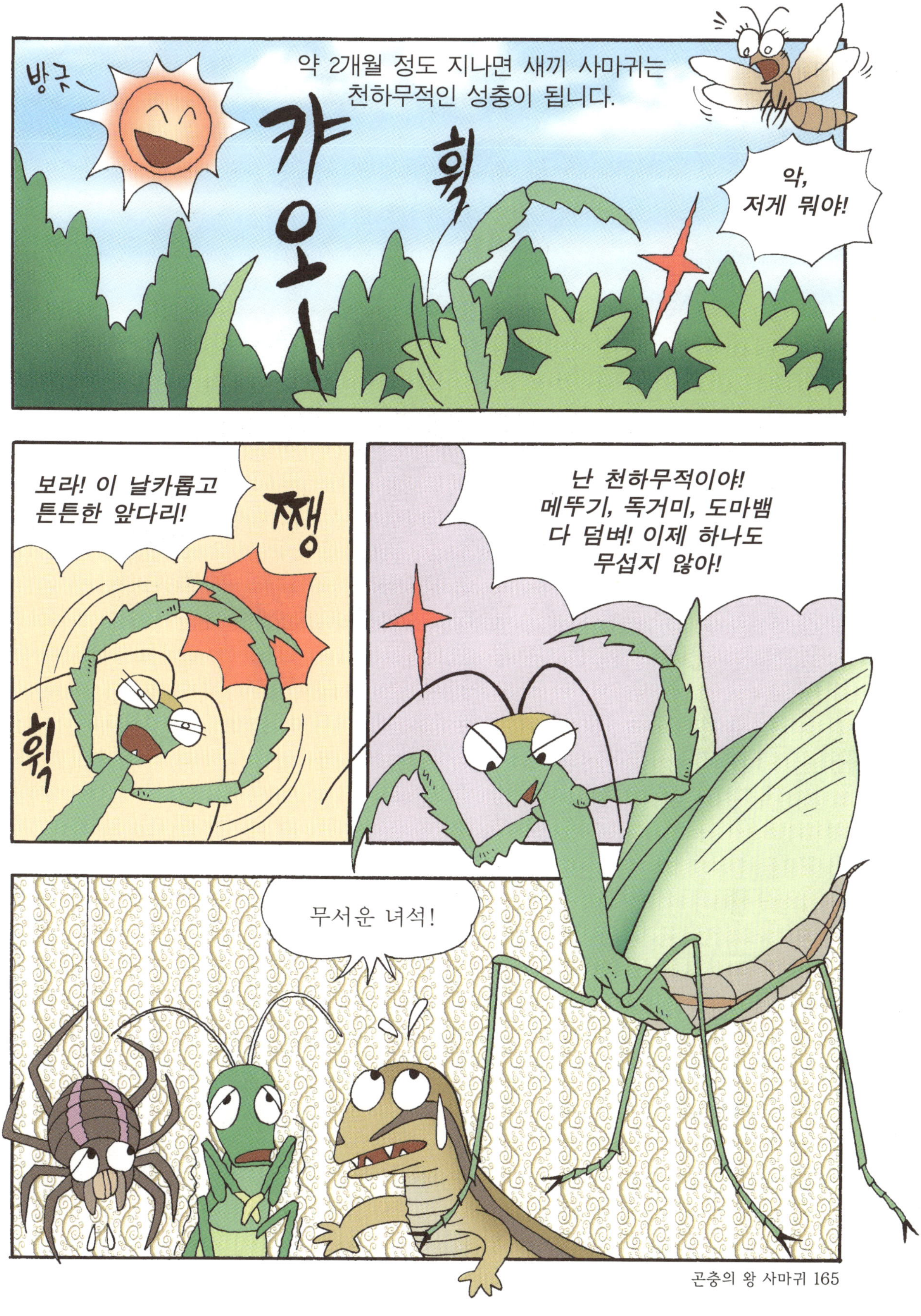

큰넓적송장벌레

시체 처리 전문가 송장벌레

몸길이는 17~23mm이고, 몸의 형태는 넓고 납작하며 날개의 뒷부분이 둥근 모양이어서 짧은 타원형의 모습이다.

몸은 전체적으로 검은색을 띠고 있지만 푸른빛이 감돌며 배쪽은 대체적으로 푸른색이다. 딱지날개에는 세로로 네 개의 줄이 나 있다. 성충은 고목이나 흙 속에서 겨울을 나고 이른 봄에 짝짓기를 한다. 주로 들판이나 야산에서 서식하며 동물의 시체나 배설물을 먹고 산다. 한국, 일본, 몽고 등지에 분포한다.

시체 처리 전문가 송장벌레

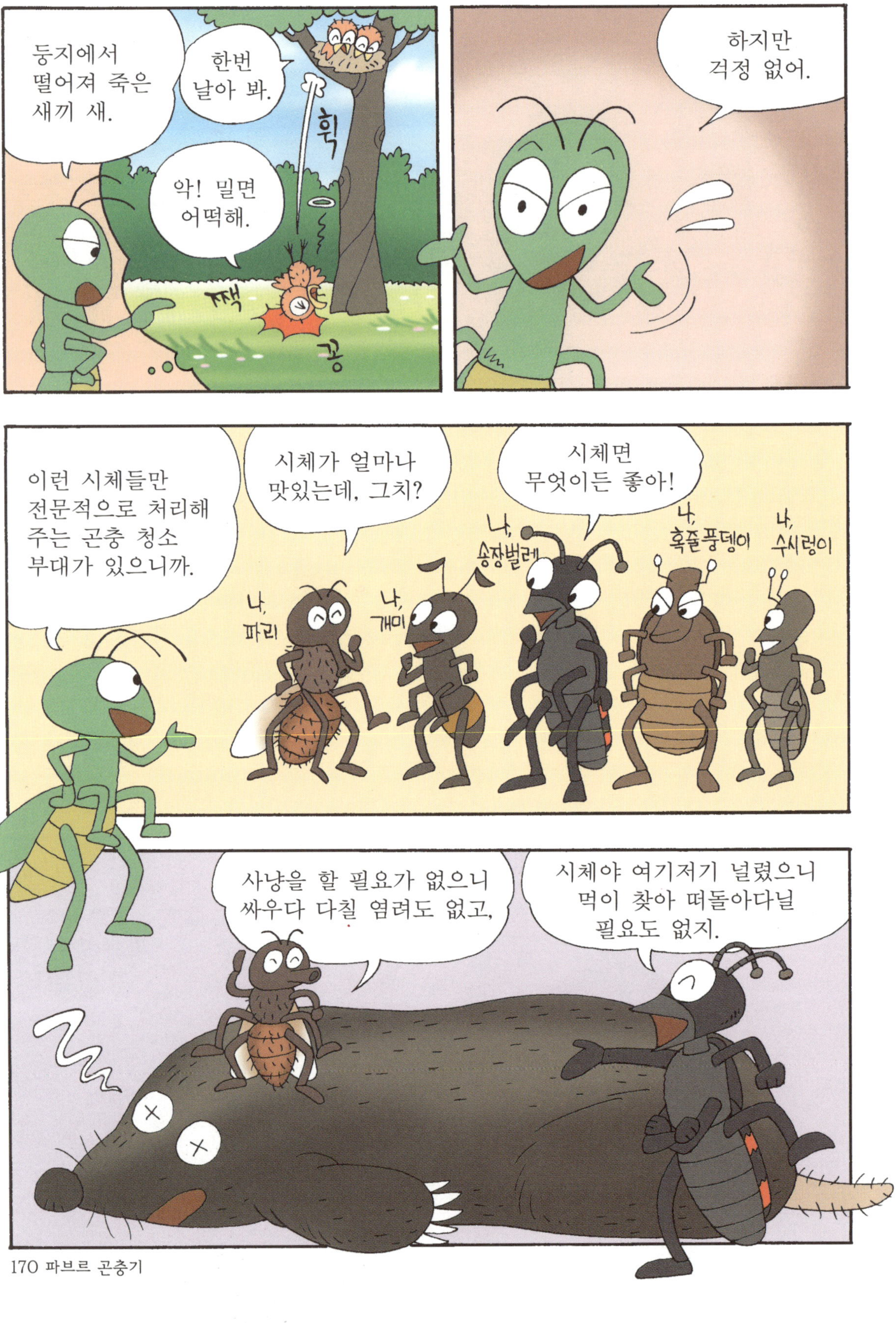

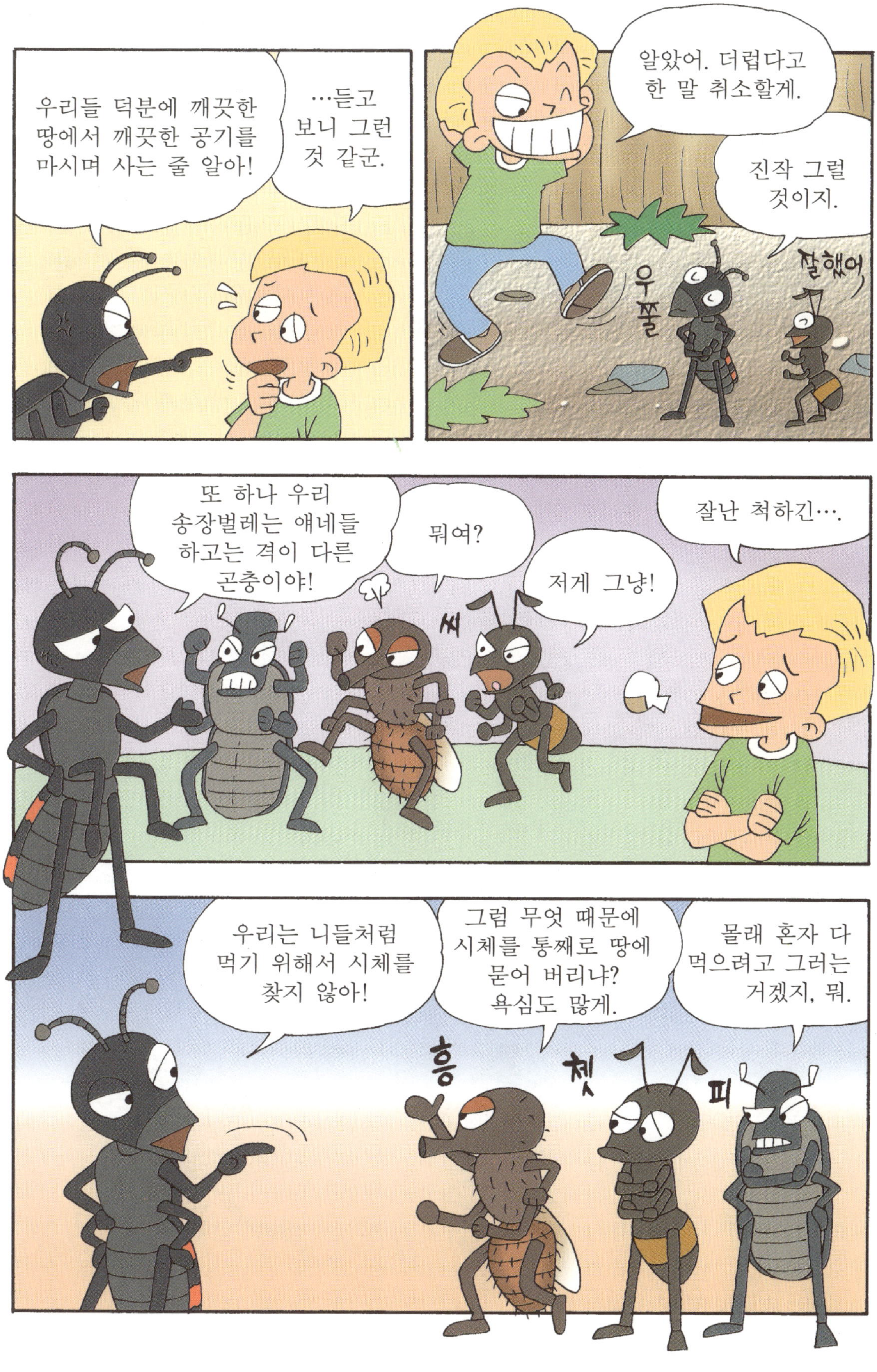

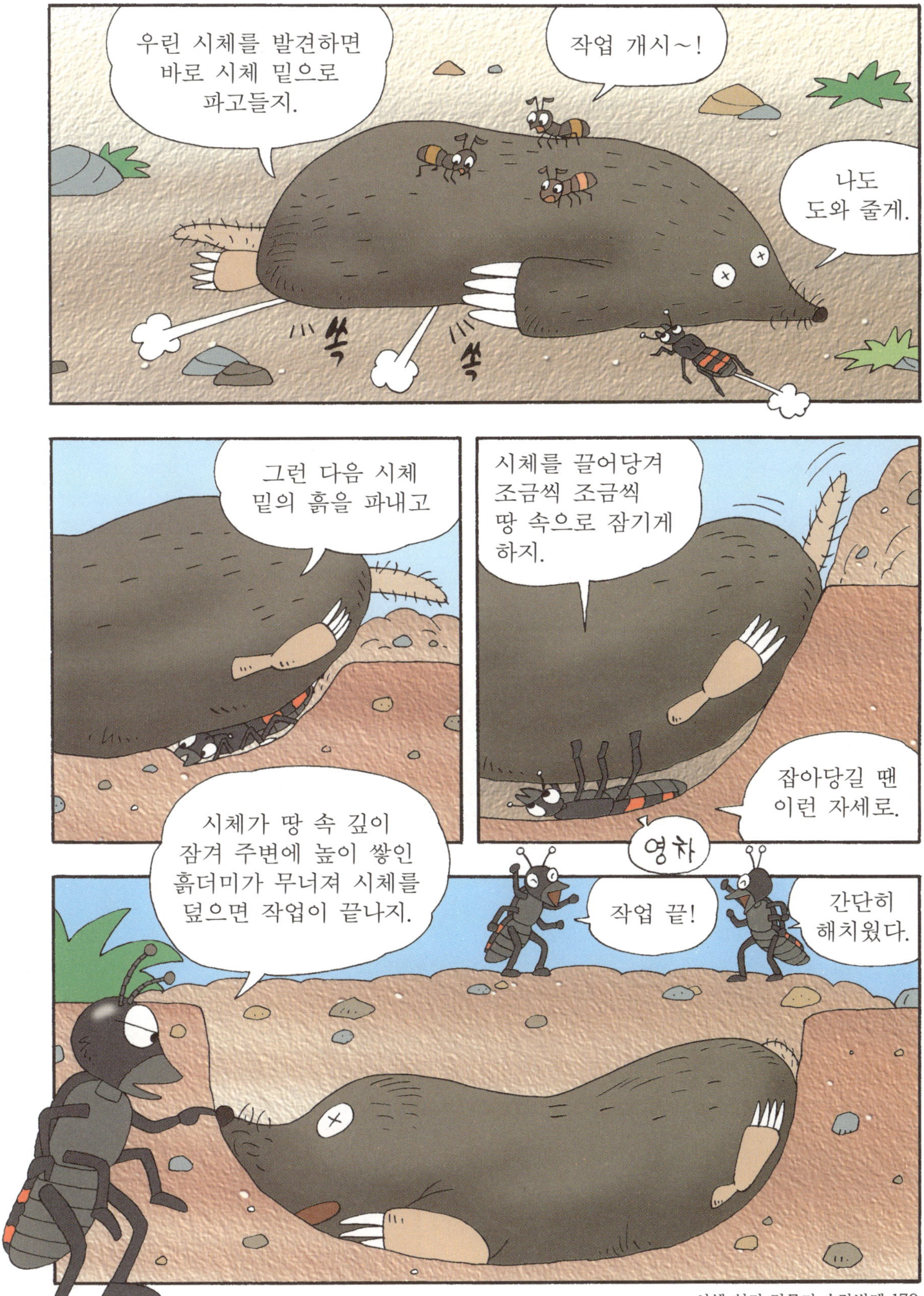

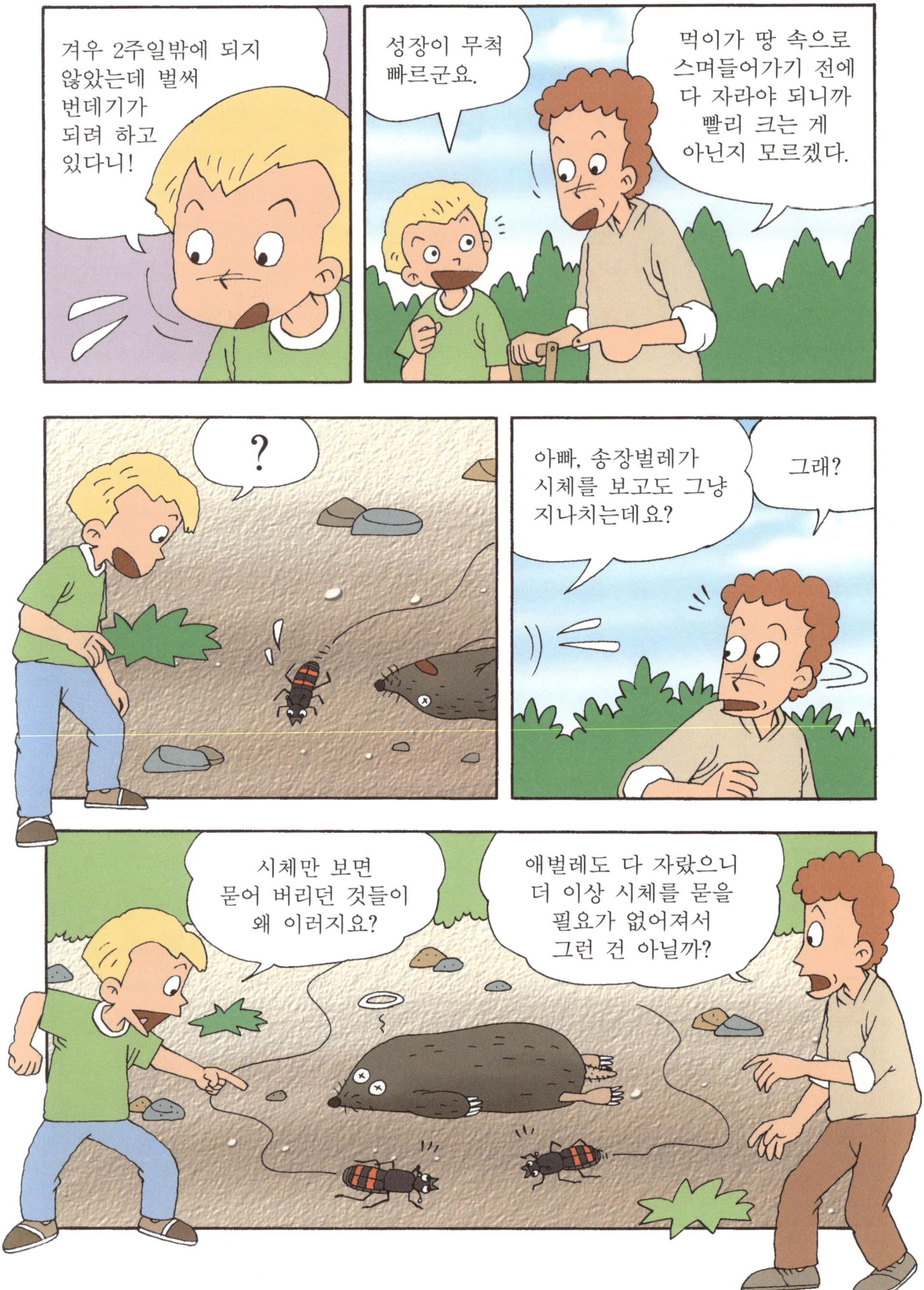

검정볼기쉬파리

먹이를 녹여 먹는 **파리 애벌레**

성충은 4월과 10월에 많이 출현하고, 집 주변이나 산과 들에서 쉽게 볼 수 있다.

사람과 짐승의 배설물에 모이며, 성충의 몸길이는 7~13mm 정도이다. 가슴과 등에는 세 개의 검은색 가로띠 무늬가 있고, 배에는 검은색과 잿빛을 띤 흰색의 불규칙한 무늬가 있다. 한국, 일본, 중국, 유럽 등지에 분포한다.

먹이를 녹여 먹는 파리 애벌레

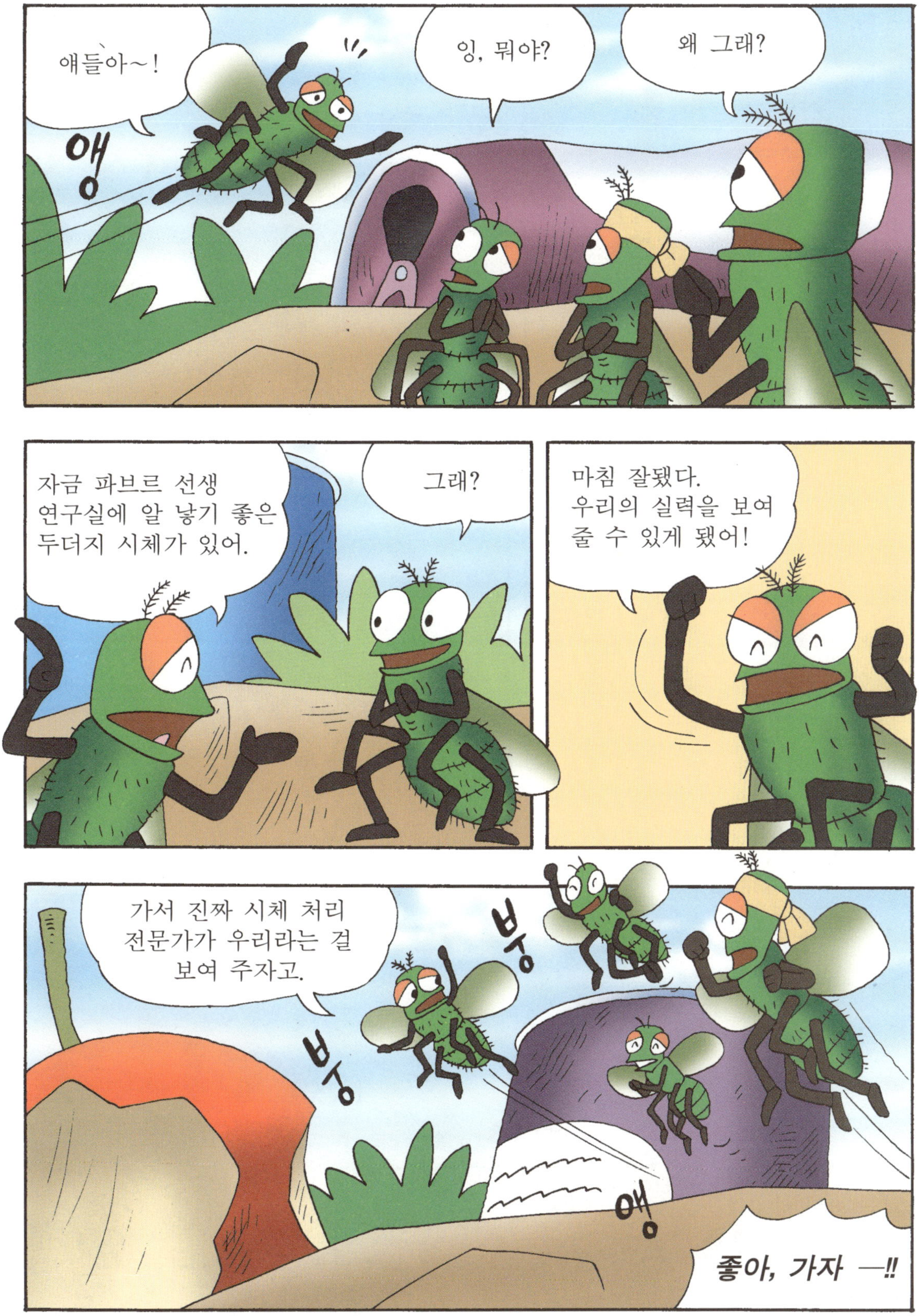

먹이를 녹여 먹는 파리 애벌레

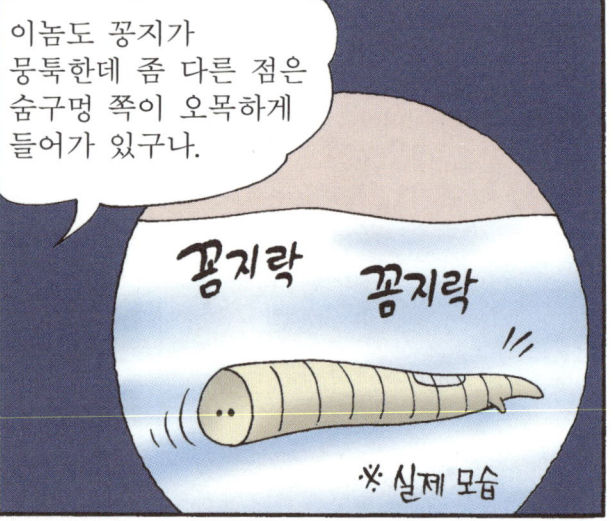

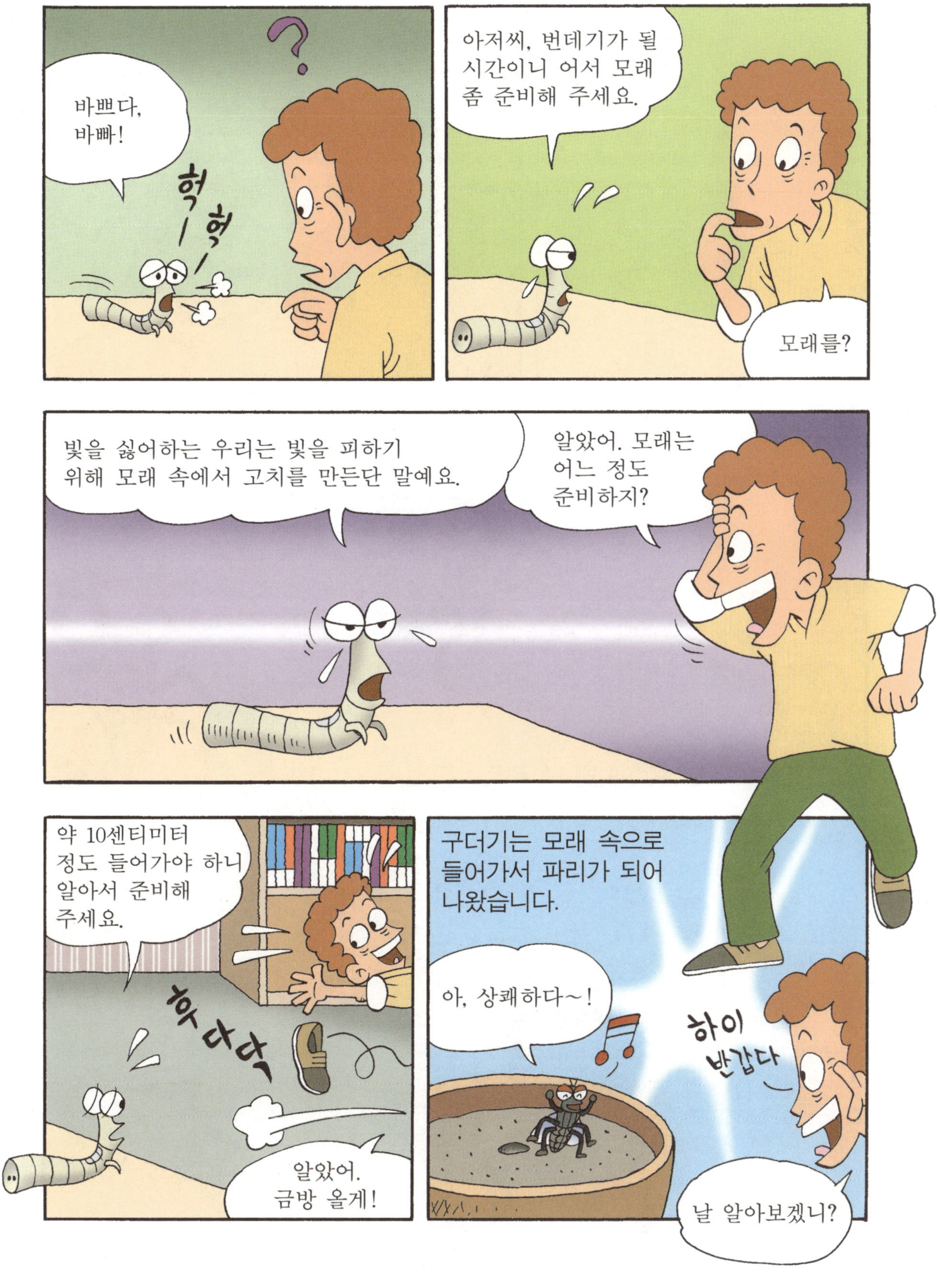

 전갈

초인적인 생명력의 소유자 전갈

몸길이는 3.5~20cm이며 누런색이다. 몸은 짧은 머리가슴과 좁고 긴 배로 나뉘는데 꼬리 끝에 독침이 있다. 육식성으로 거미, 바퀴벌레, 메뚜기, 귀뚜라미, 나비, 개미, 딱정벌레 등을 잡아먹는다.
한국, 중국, 북아메리카, 열대 지방 등지에 분포한다.

초인적인 생명력의 소유자
전갈

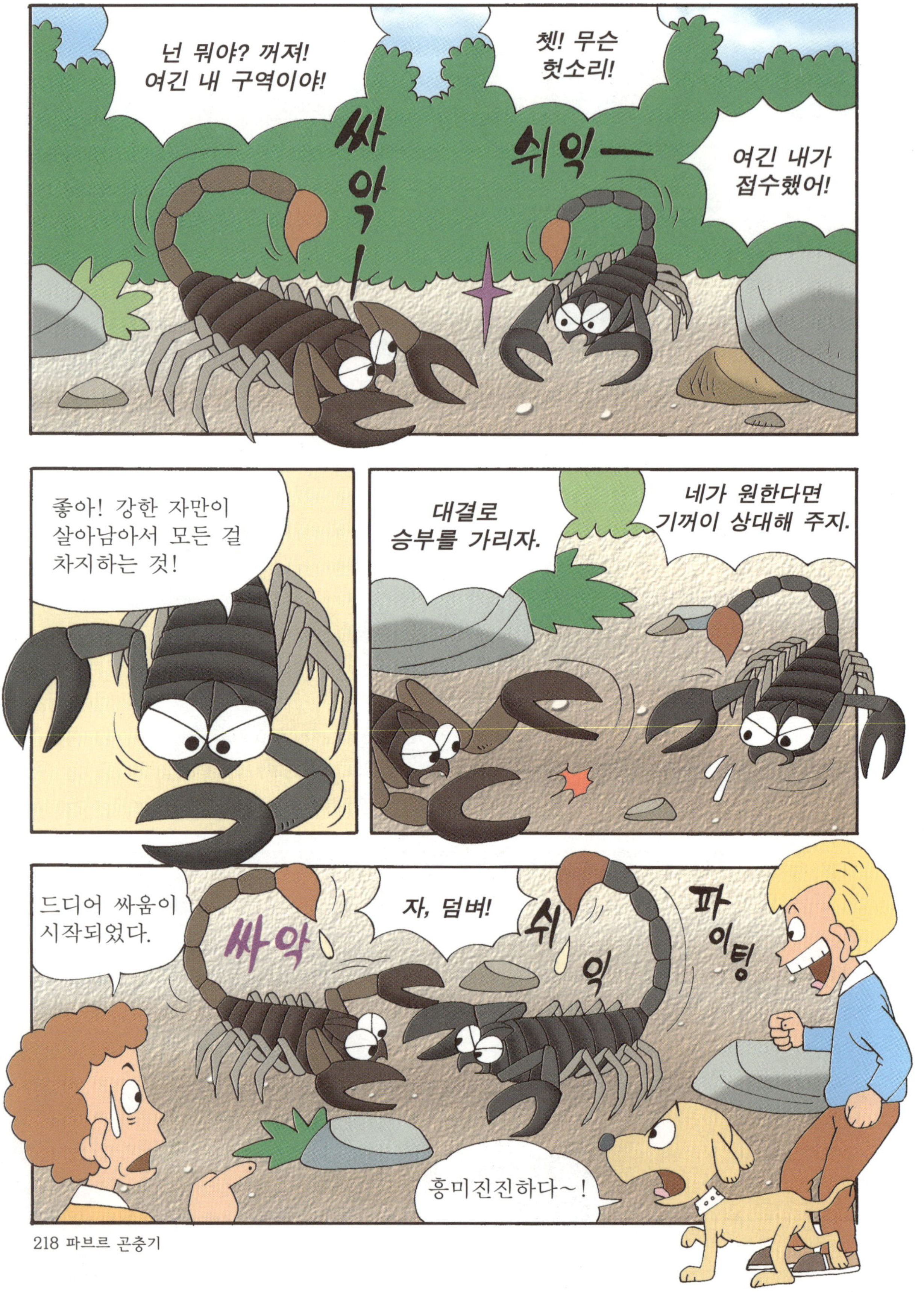

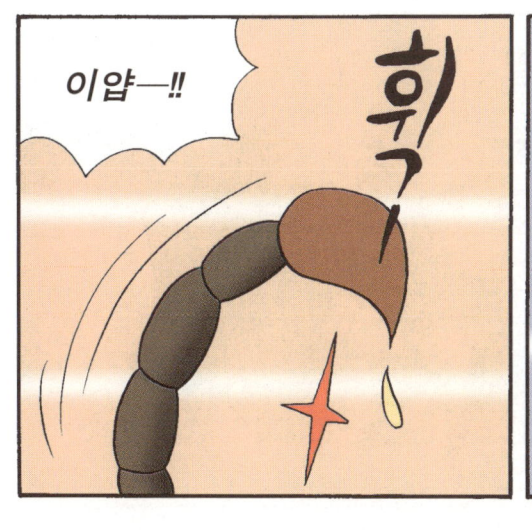

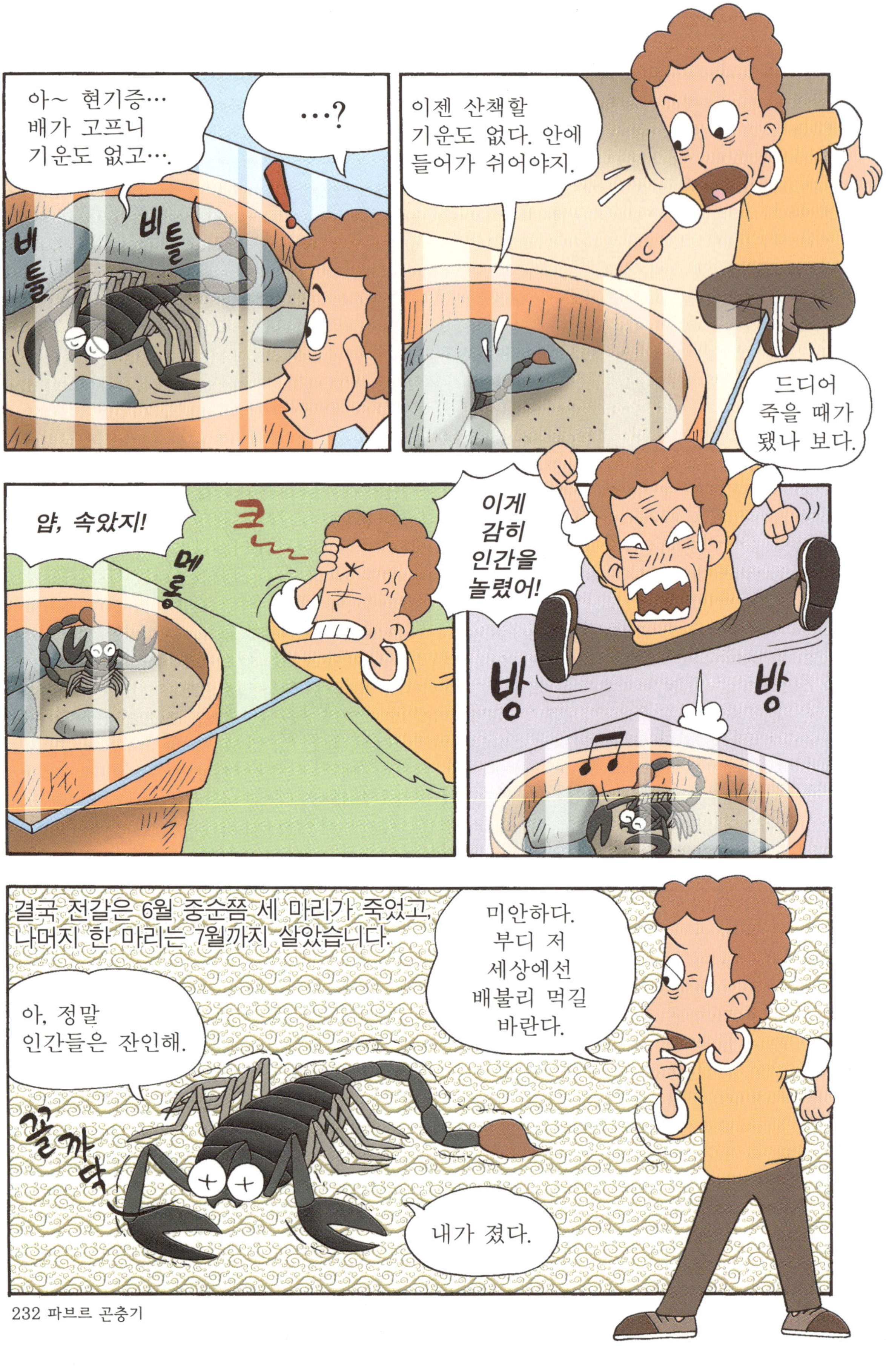

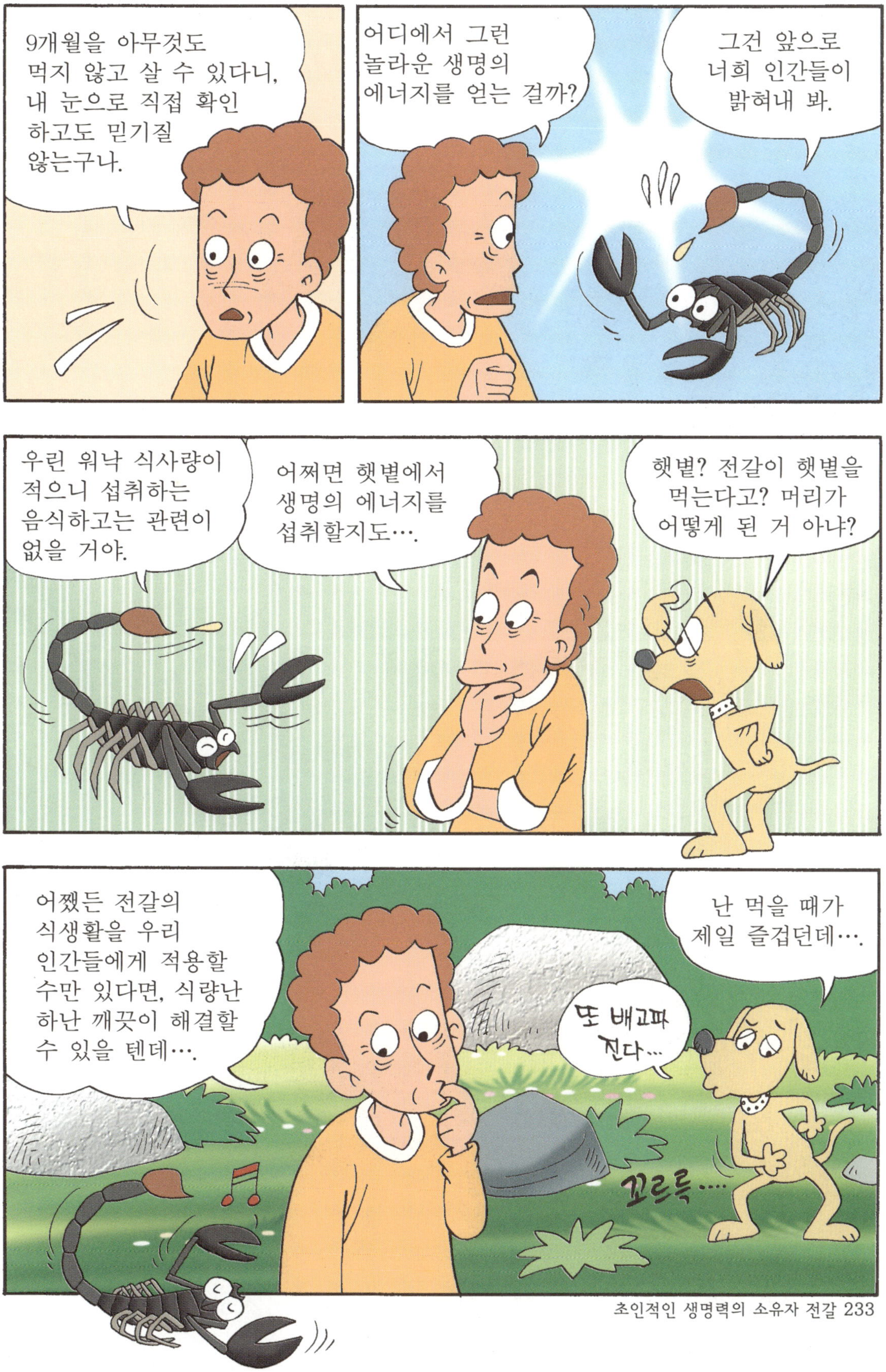

풀색꽃무지

꿀을 좋아하는 풍뎅이 꽃무지

몸길이는 10~14mm이고, 몸은 적동색이나 검은색 등 여러 가지이고 광택은 없다. 몸에는 털이 많으며 등쪽은 일반적으로 짙은 녹색에 흰색의 점무늬가 흩어져 있으나 개체에 따라 다양하게 나타나 완전히 적갈색인 경우도 있고, 검은색인 경우도 있다. 산이나 들판의 활엽수 꽃 속에 어른벌레가 모여 있는 것을 흔히 볼 수 있다. 한국, 일본, 시베리아, 중국, 대만 등지에 분포한다.

꿀을 좋아하는 풍뎅이 꽃무지

꿀을 좋아하는 풍뎅이 꽃무지 237

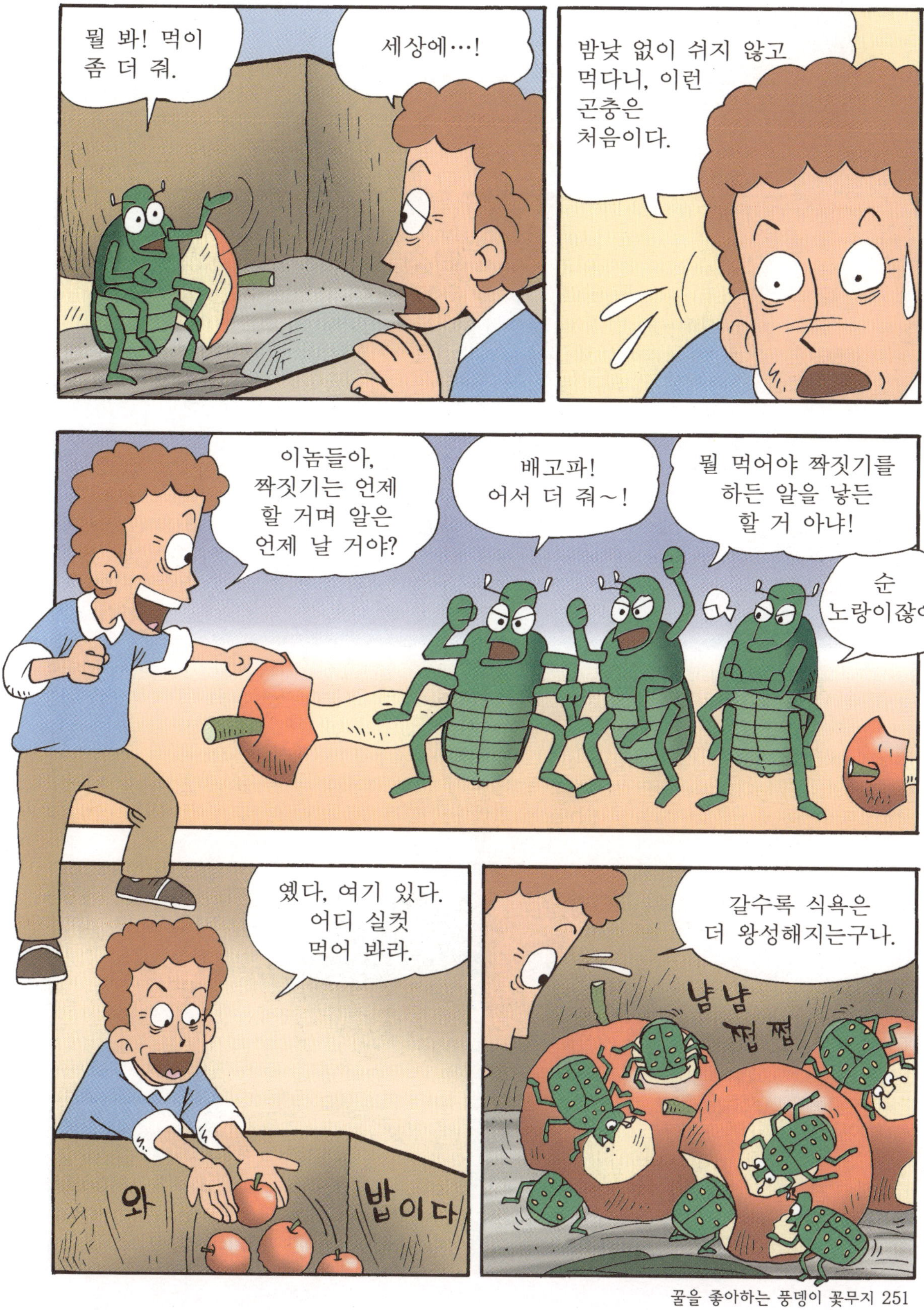

독거미

사람에게 치명적인 독거미

세계의 거미 3만 5천여 종 중에 독이 있는 거미는 30여 종으로 이끼거미, 검은과부거미 따위가 있다. 우리는 흔히 색깔이 화려한 무당거미를 '독거미'로 잘못 알고 놀랄 때가 있다. 독거미 중에서 가장 독성이 강한 거미는 '검은과부거미'라고 한다. 보통 독거미에게 물리면 심한 몸살감기에 걸린 듯, 오한이 오고 으슬으슬 떨리는데 혈관에 독이 퍼지면 사망할 수 있다고 한다. 중국, 미국, 호주, 뉴질랜드, 유럽 등지에 분포한다.

나한테 걸리면 살아남지 못하지!

타고난 사냥꾼 거미

난 거미입니다. 보시다시피 호감가는 인상은 아니죠?

마음씨 나쁜 사람들은 애써 만든 거미줄을 망가뜨리는가 하면,

잔혹하게 죽이기까지 합니다. 하지만 우린 사람들에게 거의 피해를 주지 않습니다.

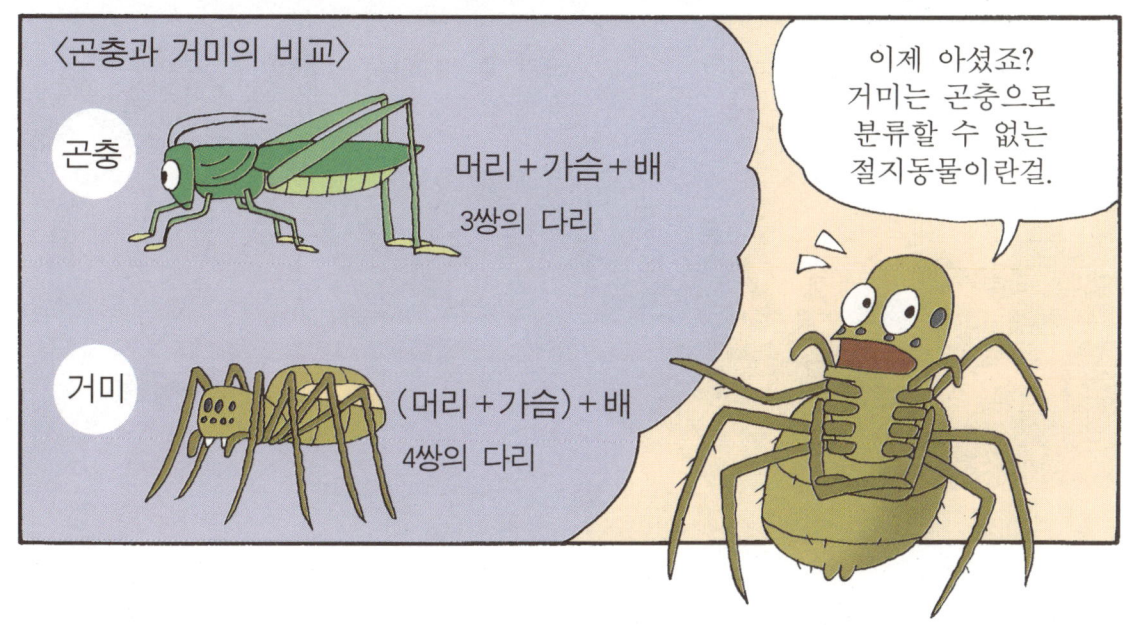

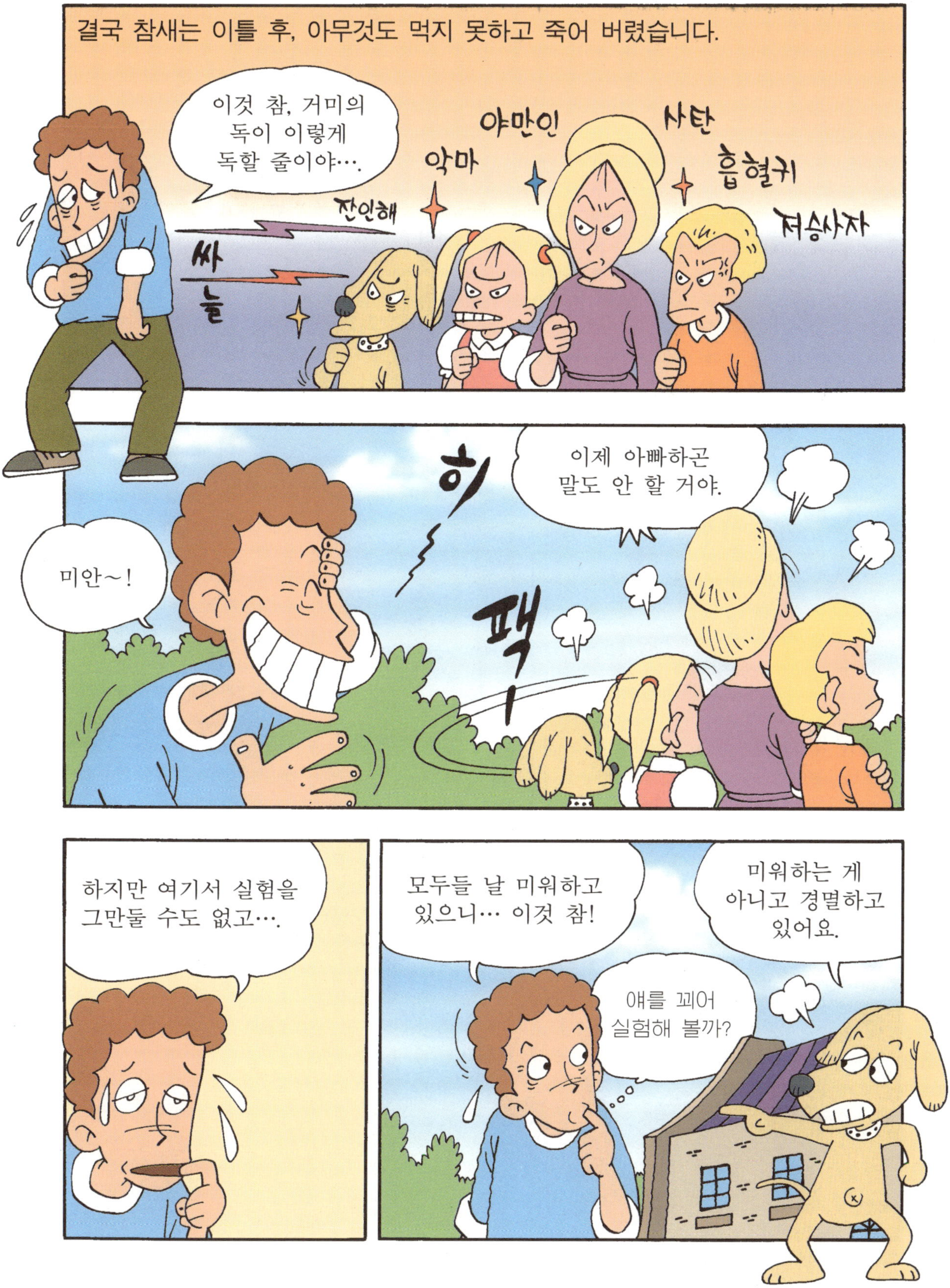

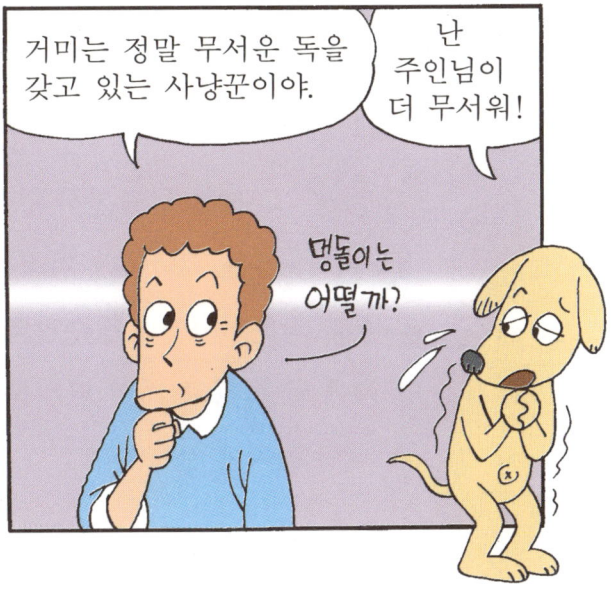

대모벌

거미가 가장 무서워하는 대모벌

성충은 7~9월에 출현하지만 드물고, 몸길이는 15~27mm 정도이다. 몸은 흑색이나 머리는 대부분 황적갈색이고, 더듬이의 끝과 작은턱의 끝, 정수리의 홑눈부와 그 옆은 흑갈색이다. 땅 속에 굴을 파고 거미 따위를 잡아 저장한다. 한국, 일본, 중국, 대만 등지에 분포한다.

세기의 대결, 대모벌 대 독거미

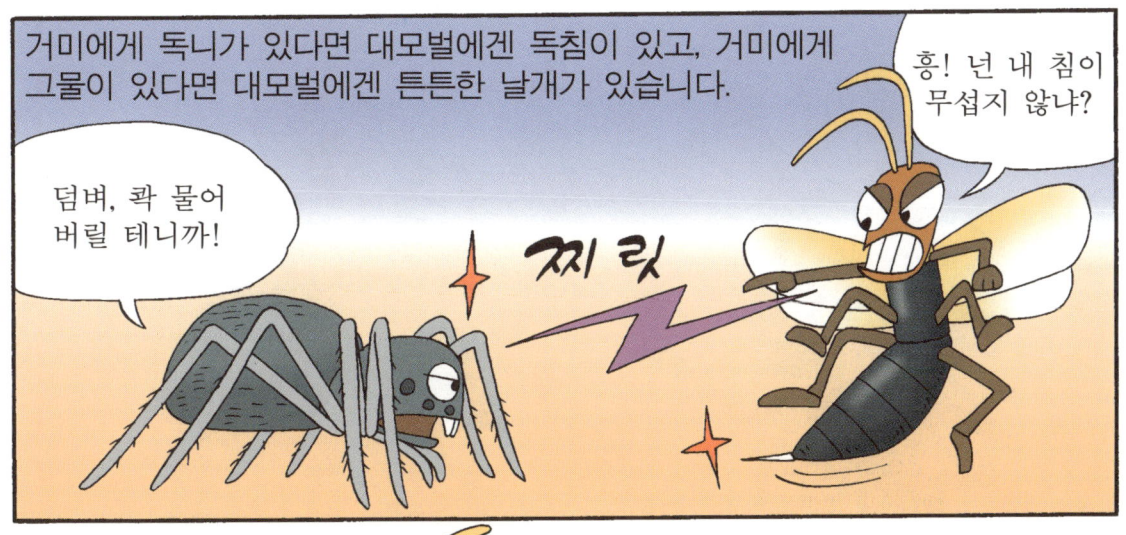

● 멋쟁이딱정벌레

이름값을 하는 **딱정벌레**

몸길이는 28~40mm이고, 홍단딱정벌레와 함께 우리나라에서 가장 큰 딱정벌레 중 하나이다. 몸은 납작한 편이며 머리가 길다. 이 종은 머리와 앞가슴등판 및 딱지날개의 가장자리는 붉은 구릿빛이고, 딱지날개는 흑색이지만 녹색을 띠며 광택이 있다. 하지만 이 종은 서식지별로 빛깔과 크기의 형태가 다양하다. 한국, 시베리아 동부 등지에 분포한다.

정원의 난폭자 딱정벌레

정원의 난폭자 딱정벌레

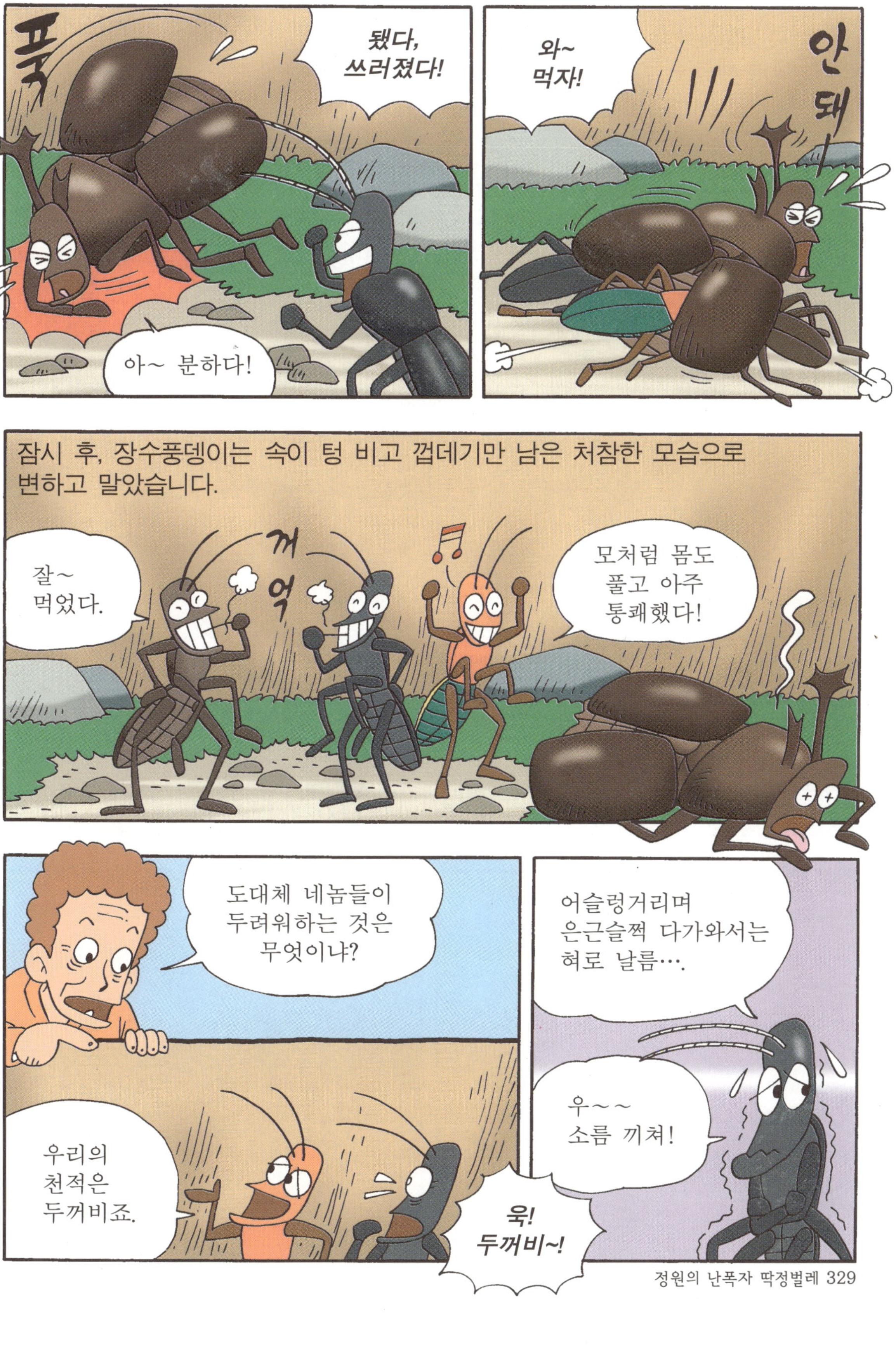

2002년 7월 20일 1판1쇄 발행
2008년 1월 30일 1판9쇄 발행

글·그림·김이철
곤충 사진·이수영, 타임스페이스
펴낸이·문제천   펴낸곳·(주)은하수미디어
주간·경영미   편집·김현숙 남주희
디자인·이선원 정현숙
주소·서울시 송파구 문정동 99-10
대표전화·02-449-2701   팩스·02-404-8768
문의전화·02-3402-1386
출판등록 제22-590호 (2000.7.10)
홈페이지·http://www.ieunhasoo.com
한글인터넷주소·은하수미디어

ⓒ 2002. Eunhasoo Media Co., Ltd.
이 책의 저작권은 (주)은하수미디어에 있으므로
사전 허락없이 무단 전재와 무단 복제를 금합니다.

ISBN 89-7533-449-X   77800